历史的镜像

左连璧 著

辽宁人民出版社

© 左连璧 2021

图书在版编目（CIP）数据

历史的镜像 / 左连璧著 . — 沈阳：辽宁人民出版社，2021.2
 ISBN 978-7-205-09993-0

Ⅰ. ①历… Ⅱ. ①左… Ⅲ. ①廉政建设—史料—中国—古代 Ⅳ. ① D691.49

中国版本图书馆 CIP 数据核字（2020）第 220806 号

出版发行：辽宁人民出版社
地　址：沈阳市和平区十一纬路 25 号　邮编：110003
电　话：024-23284321（邮　购）　024-23284324（发行部）
传　真：024-23284191（发行部）　024-23284304（办公室）
http：//www.lnpph.com.cn

印　　　刷：北京长宁印刷有限公司天津分公司
幅面尺寸：145mm×210mm
印　　张：8
字　　数：160 千字
出版时间：2021 年 2 月第 1 版
印刷时间：2021 年 2 月第 1 次印刷
责任编辑：赵维宁　蔡　伟
封面设计：乐　翁
版式设计：一诺设计
责任校对：吴艳杰
书　　号：ISBN 978-7-205-09993-0
定　　价：48.00 元

目 录
CONTENTS

不妨替当事人想得细些再细些 // 001
要十分重视与群众的首次接谈 // 004
断案神明源自勤于积累 // 007
"不中不释"赞 // 010
从冯恩案件窥视明代的朝审 // 014
廉吏苏琼断案的启示 // 019
调解要创新方法 // 023
调解不妨倡导"差不多"就好 // 026
"明日来"对今日之启示 // 029
把教育公民的责任切实担当好 // 032
多为当事人的长远利益着想 // 036
隋朝名将史万岁的受贿与受冤 // 040
"南山可移,判不可摇" // 047
从裴景仙案看唐代"八议"之"议功"的应用 // 050
敢于担当巧办案 // 057

白脸青天陈希亮 // 061

一定要善待老百姓 // 065

"就路决焉" 赞 // 068

依情据理断疑狱 // 072

郭躬办案的启示 // 076

取经典语开譬之 // 081

裴政推事重证据 // 085

美酒亦称"顾建康" // 089

这里传播着公平正义 // 092

"画一之法"不可废 // 097

凭借缜密破"鬼"计 // 101

明于法理有建树 // 104

民众眼中的"鲁铁面" // 109

借助常识断牛案 // 112

执行到位堪称典范 // 116

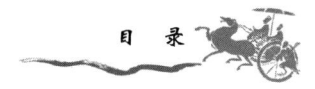

为民的好官就是这样"任性" // 119

心中一定要有敬畏 // 123

功成不居诚可贵 // 127

狱不可鬻也 // 131

欲擒故纵释冤有术 // 135

吴良不谄媚 // 139

舍身廷争释冤狱 // 142

"无名杀臣下"何以无阻？// 147

清官能断家务事 // 152

为"请论如律"点赞 // 156

依据伦理护弱者 // 160

法无亲疏天下画一 // 164

沉思静虑破疑案 // 168

萧贯了结上访案件的启示 // 172

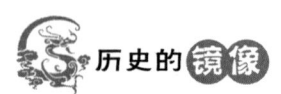

"三原"乃刑可圈点 // 176

"执法一心，不敢惜死" // 182

精细明察破疑案 // 185

以倡导孝心来平息讼争 // 189

"亏法取威"不可取 // 192

博闻多识可辨诬 // 195

"不以为例"必致"交兴怨讟" // 198

吉翰应对请托说情者有绝招 // 202

孟尝与"珠还合浦" // 205

大度蒋琬得理容人 // 209

"布衣"宰相李愚 // 212

法官要学会"说话" // 215

鲁恭与鲁恭祠 // 218

细节制胜除恶务尽 // 222

曹魏的司法大审判 // 229

断案析产有深意 // 240

引典入判说理透 // 244

不妨替当事人想得细些再细些

曹彬是北宋的开国元勋，史书对其评价甚高："仁恕清慎，能保功名，守法度，唯（曹）彬为宋良将第一。"《宋史·曹彬传》记载的一件小事，更让人对曹彬心生敬意："为帅知徐州日，有吏犯罪，既具案，逾年而后杖之，人莫知其故。彬曰：'吾闻此人新娶妇，若杖之，其舅姑必以妇为不利，而朝夕笞詈之，使不能自存。吾故缓其事，然法亦未尝屈焉。'"说的是曹彬为帅征战时曾任徐州地方官，他手下有一个官吏犯了罪，且已经查实结案，可过了一年以后才对这个官吏实施杖刑，人们都不知道其中的缘故。曹彬解释说："一年前我听说这个人刚娶媳妇，如果杖打他，他的父母必定认为是新媳妇不吉利克夫，而朝夕鞭打辱骂这个媳妇，使其不能正常生存下去。所以我延缓处罚，然而也没有枉法。"

曹彬在秉公办案的前提下，之所以能根据具体情况，灵活决定对犯罪官吏处罚的时机，从史料分析，大体上原因有三：一是仁义厚道的性格使然。他虽数度征战却以不滥杀著称，攻取南

唐都城金陵前还与将领们一起焚香立誓，破城后决不伤害一个百姓。他位居高官却十分谦和，遇事多为民众着想；在路上遇到士大夫的车子，要让自己的车马避路让行；从不直呼手下官吏的名字，以示对下属的尊重；每当属下有禀告事情的，即使是无名小吏，他都要整衣戴冠后才接见。此案中他能尽量为当事人着想，为当事人的新媳妇着想，绝不是偶然的。二是对部属的情况了如指掌。他不仅清楚部属的"活"干得怎么样，有无违法犯罪行为，还清楚部属家庭的变化情况，用现在的话说，就是对部属有全天候的了解。三是洞悉民俗民风民情。他考虑到当时人们的风俗习惯，既有根深蒂固的男尊女卑观念，又受天人感应思想的严重束缚，如官吏新婚就被杖罚，家人必然会一股脑地怪罪到新媳妇头上，在夫妻、婆媳之间无端地惹起纷争，导致家庭不和睦，使本来就地位低下的新媳妇日子更加不好过。

当然，曹彬对那名官吏的"温情执法"，是不是有违法典，若是讨论起来，肯定会见仁见智，照搬到今天的刑事案件上也显然不妥。但曹彬细心替当事人着想的精神和做法，无疑是值得法官们去学习和借鉴的，尤其是在调解和审理民事纠纷案件中，在办理执行案件中，都应该尽力地像曹彬那样替当事人想得细些再细些。这就要求法官们，首先要牢固树立"人民法官为人民""司法为民"的思想观念，善于换位思考，将心比心，理解当事人的合理诉求和实际困难，切实在立案、调解、审理、判决和执行的所有环节上，尽可能地为当事人提供便利和服务。从法院领导层面上看，要采取管用措施，大力巩固党的群众路线教育和"整治四风"的可喜成果，坚决杜绝"以权谋私""以案谋私"和"关系案、人情案、金钱案"，让这些丑恶现象早日在法院无处安身，让公平正义成为主旋律，让"司法为民"成为实实在在的行动。其次是要吃透案情，把案件事实查得清清楚楚，证据搞得扎扎实实，弄清各方当事人的真实想法，应该适用的法条一个不落地都列出来，并搞清楚案件可能在当地造成的影响，就是说把工作的基础夯得结结实实的，形成铁案。在这种情况下，再为当事人想得更为细致一些，就有了事实和证据的坚实基础，不至于使案件走偏失衡。第三是要在法律允许的框架之下，大胆探索勇于创新，从大的方面说，还是以"三个有利于"为根据，找到于法于理于情均不相悖、解决问题的突破口，接地气解民忧促和谐，最终让当事人感到合适与认可，在此基础上形成最佳解决方案，做到案结事了。当然让各方当事人都满意很难做到，但要尽可能朝着这个方向去争取。不能以"反正大家都满意是不可能的"为借口，轻易就放弃耐心细致的艰苦努力，这样才算是替当事人想得细些再细些了。能够这样做的法官越多，人大代表和广大民众对法院的满意度自然就会越高。这也是党和社会所热切期盼的，法官们努力吧！

要十分重视与群众的首次接谈

基层人民法庭、各级人民法院的立案窗口,整天面对前来打官司告状的人民群众,按说在这里工作的法官们,态度和蔼工作细致,能认真地依程序接待群众,该立案的迅速立上,不够立案标准和条件的解释清楚,也就算做得很到位了。笔者认为,以落实中央关于转变作风的要求标准来看,仅仅做到这一点还远远不够。在某种意义上说,法院就是个群众工作部门,基层法庭和法院的立案窗口则首当其冲,不仅仅是按程序接待群众、立个案就算了事,更要做大量说服教育疏导的思想工作,力争将那些能够解决的一般性纠纷,化解于庭外、庭前,减少群众不必要的诉累,也有利于节省国家的司法资源。要纠正一种偏见,法院绝不是立案越多越好,对打官司告状的,来者不拒一律收案。化解矛盾,减少诉讼,促进和谐,稳定社会,这才是工作中应最大限度追求的目标。为此,法院的调解工作要前伸,要高度重视与来院群众的首次接谈,并提倡院领导、庭处长,经常亲自接谈来诉来访的群众,摸透情况,耐心开导,晓以利害,阐明大义,力争使

更多的纠纷能够化为玉帛。

《三国志·杜畿传》描绘了一个善于化解民众纠纷的好太守形象，看了很受启发。杜畿作为曹魏的两朝重臣，担任河东郡太守长达16年，秉承孔子"必也使无讼乎"的理念，尽量地减少诉讼。"民尝辞讼，有相告者，畿亲自为陈大义，遣令归谛思之，若意有所不尽，更来诣府。乡邑父老自相责怒曰：'有君如此，奈何不从其教？'自是少有辞讼。"说的是，民间曾有人陈词诉讼，互相告状的。杜畿亲自接见，向他们讲述仁爱宽恕的大义，让他们先回家去仔细想想，如果心中还有什么地方没有完全想通，还可以再到府中来找他。乡里的父老们争相责备自己一方去告状的人，生气地说："有这样好的太守，你们怎么不听他的教诲？"从此以后，郡中就很少再有打官司告状的事了。

要重视与群众的首次接谈，耐心细致地做好纠纷化解工作，首先是要心中始终装着人民群众，时时处处、设身处地为他们着想。要理解群众打官司不容易，费时费力又费钱，更有精神上的压力和痛苦，要以耐心和爱心，苦口婆心地劝说群众，不到万不得已不要非走这条道不可，使那些尚徘徊在可打可不打官司之间的人，能果断地下决心实现和解，放弃打官司。其次是要能与打官司的民众谈得拢，要能听懂百姓的话，能抓住百姓说话的要点，因为不是所有的人都能把问题阐述明白的，特别是当人钻进牛角尖的时候，更会这样。再次是要会说百姓能听得懂的语言，

法理情理,人情世故,历史典故,都要来一点,如果满口充斥着官话大话空话套话,甚至还夹带些假话,恐怕是谈不拢的。最后是要舍得花些时间,不怕群众有反复,不妨多谈一次两次的,像杜畿那样敞开官衙大门,一次谈不成想不通就再来谈一次,直到心悦诚服想通了,解开心结,化解纠纷为止。这样做对于法院和法官来说,可能会麻烦了许多,但对于社会对于群众则大有好处,不是很值得吗?

断案神明源自勤于积累

"武行德辨盐"一文,曾上过中学语文课本,因此他的故事可谓广为人知。读了《宋史·武行德传》,对他断案的功夫更是佩服。宋朝初年,武行德官拜中书令,又授太子太傅,开府仪同三司,而他断案的故事,则发生在后周广顺初年(951),河南尹、西京留守的任上。当时施行盐法,禁止私盐入城,犯法者处死,举告者重赏。洛阳城外有一老妇人进城卖蔬菜,路上遇到一个僧人欲买菜,在盛菜的竹筐里上下翻看,秘密地将已裹好的盐包置入竹筐中,然后也没有买菜就离开了。老妇人遂持竹筐入城,经关口查验时被搜出筐内蔬菜中藏了盐包,遂被带至府衙。武行德见包盐用的襆(即包东西的布)是男子常用的一种头巾,非乡下老妇人所有,随即详细盘问老妇人,得知进城途中曾有僧人翻看蔬菜的细节后,迅速派人拘捕僧人进行审问,僧人供认与守关吏卒同谋,欲诬陷老妇人以求得赏金。武行德于是立即释放老妇人,将僧人与同谋吏卒数人一并斩首。从此部下和民众都畏服武行德的断案神明。

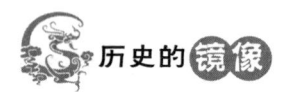

上述断案之所以如此神明，武行德除了具有公正负责、反应敏捷、善于思考的品格外，很大程度上得益于他熟悉民情民风民俗，清楚男女乃至城乡民众穿戴的异同，用今天的话说就是日常生活经验丰富，从一个包盐的"襆"中，就能迅速悟到疑点看出破绽，没有被手下污吏设好的圈套套牢，从而使蒙冤者得以洗雪，真正的罪犯落网伏法。武行德的河南尹，是地方大员，如此显赫的大人物，如果作威作福高高在上，既远离老百姓的生活圈子，又不细心观察求教于人，还怎么能够知道民间民众穿衣戴帽的那些细小琐事，怎么能够使自己的日常生活经验越来越厚实？可见武行德是个未脱离民众又勤于观察和积累的好官。时至今日，日常生活经验，对于一名法官来说是越来越重要了，因为法官在案件审理和司法裁判过程中，无论法律条文还是司法解释做出如何规定，日常生活经验都肯定会发挥一定的作用。受武行德断案的启示，法官要勤于日常生活经验的积累，这样必然会有断案的公正与神明。

首先，当然是要在日常生活中总结和积累日常生活经验了。所谓日常生活经验，从广义上讲，是指在日常生活过程中所积累的知识、涵养以及通过社会实践所得到的物质及精神财富；用法言法语讲，是指法官在其日常生活中认识和领悟的客观事物之必然联系或一般规律，它作为基本常识而为公众所普遍认可，具有不证自明的特点，完全可以作为认定待证事实的根据。随着生活内容的不断更新，日常生活经验，也必然是发展变化的，不可能有一个终止的尽头。更要明确作为可用来裁判案件的日常生活经验，绝不是自然而然就会产生的，它要靠不停顿地细心观察和归纳梳理。因此要做一个有心人，要勤于观察，勤于思考，更要勤于总结，使自己的点滴生活感悟及时上升为生活经验，也要注意虚心求教，学习和了解别人成功的生活经验，实行拿来主义，把它变成自己的。

其次，要在书本中学习日常生活经验。许许多多的日常生活经验，经过实践证明已经成了普遍适用的定律，且具有一定的稳定性，书籍特别是中外名著，往往是最好的载体。要养成看书阅读的好习惯，让好书成为业余和闲暇时间的伴侣，努力做到手不释卷读书成"癖"，从字里行间去体味和了解那些定型了的日常生活经验，并且不断加以记录和整理，以达到能够为我所用的程度。还要了解和熟悉互联网、自媒体时代的各种有用信息，以选择其中已经约定成俗的日常生活经验，防止思维落后于时代。

最后，要从以往成功的典型案例中学习和积累日常生活经验。对于法官来讲，直接办案是提高，学习案例间接办案也是提高。包括本院的，兄弟院的，上级院的，最高院的，也包括国外法院的，凡是引用日常生活经验判案取得好效果的判例，都要找来翻翻看看，对其中核心的判词，还要抄上几段或拍张照片留存，以便到需要的时候能脱口而出，运用自如得心应手。

"不中不释"赞

"不中不释",语出自《宋史·司马旦传》:旦"清直敏强,虽小事必审思,度不中不释。"这里的"中"字,按照典籍的解释,是中正、公正、公平,适当、恰当、得当的意思。《尚书·吕刑》载:"非天不中,惟人在命。"即不是上天不公正,而是贪赃枉法者自招祸殃。《论语·子路第十三》载:"刑罚不中,则民无所措手足。"即刑罚不恰当,老百姓就会不知怎么办好。《司马旦传》的那句话说的是,司马旦为人清正耿直、聪敏好强,即使遇到一件小案子小事情也要仔细审查和思考,不找出最合乎规矩、最为恰当的解决方法就不会罢手。

传记中记载了好几件事,来说明司马旦的这种品格。如任郑县主簿时,"郑有妇蔺讼夺人田者,家多金钱,市党买吏,合为奸谩,十年不决。旦取案一阅,情伪立见,黜吏十数辈,冤者以直"。即郑县有一个姓蔺的妇人想通过打官司来谋夺别人的田地,她家里很有钱,收买多名吏卒,共同弄虚作假,这个案子十年了都没能判决。司马旦把案子的卷宗拿来一看,就立刻判明了事情

的真相,罢黜了十几个吏卒,使冤枉的人得以维护权益。又如:"知祁县,天大旱,人乏食,群盗剽夺,富家巨室至以兵自备。旦召富者开以祸福,于是争出粟,减直以粜,犹不失其赢,饥者获济,盗患亦弭。"即任祁县知县时,发生大旱灾,民众没有粮吃,盗贼便成群结队地抢夺财物,于是有钱有势的人家都招兵防备。司马旦召集这些富有的大户,晓以利害关系,促使大户们争先拿出粮食,降价卖给民众,但仍有微利可图,受饥饿折磨的民众得到救济,不再哄抢富人财物,盗贼也得以消除了。前一件事,是说司马旦快刀斩乱麻,公正清理积案,惩治恶人贪吏,还冤者以公道;后一件事,则说司马旦能从当地的实情出发,在救灾救民与平息盗乱相交织的复杂情况下,找到了一个既解决问题又稳妥平安的办法,不动干戈不伤大雅,就使难题得以化解。可以说,这两件事是对"不中不释"的最好诠释。

时至今日,对案件秉持"不中不释"的态度,仍然值得在法官们中间大力提倡。理由很简单,如能对所办案件,尤其是民事、行政、执行等类案件,经过不懈努力都能找出最为恰当合适的解决方案,不达此目的绝不撒手,使各方当事人都能满意或基本满意,真正做到案结事了,哪里还会有那么多的"案生案""内生案件"以及上访事件,"人少案多"的难题在很大程度上也会缓解好多。要做到这一点,首先要心系人民,切实做到人民法官为人民。为人民服务,是党和政府永远不变的宗旨,具体

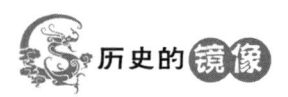

落实到人民法院,就是人民法院为人民、人民法官为人民。这绝不仅仅是一句口号和要求,它是要认认真真付诸行动的,那就是通过审理好一件件案件来具体得以实现。绝不能离开办好每一个具体案件,来空谈人民法官为人民。要树立起这样的理念,一起案件办不好,就是对"人民法官为人民"的玷污。愿每名法官都能以"不中不释"的精神,精心办好手中的每一起案件。其次要吃透案情,切实做到对案件心中有数。还是拿《宋史》来说事,据《陈太素传》载,陈为大理少卿,"每临案牍,至忘寝食,大寒暑不变。子弟或止之,答曰:'囹圄之苦,岂不甚于我也。'"即陈太素每每拿到案件材料,都要看到废寝忘食的程度,严寒和酷暑也都是这个样子。陈的弟子们纷纷来相劝。陈太素却说:"未决人犯深陷囚牢之苦,岂不远远超过我阅读案卷之苦。"要以这种精神和心态来办理每一起案件,心无旁骛静下心来钻得进去,认真阅卷千万不能一目十行,搞好庭审决不能走过场摆样子,认真核对每份证据,不放过任何疑点,做到对案件的关节点了如指掌,对当事人各方的真实诉求清清楚楚。对案情若明若暗懵懵懂懂,是决不能出现恰当合适的判决结果的。最后还要精通法典,能够找到最适合此案的条款。围绕所办案件,要尽可能地熟悉国家涉及此案的宏观政策,熟悉涉及此案的国家法律法规和司法解释,要穷尽它不可有半点遗漏,熟悉与此案相类似的国内外重大的典型案件的判例,最好还要依据日常生活经验的判断,能够清

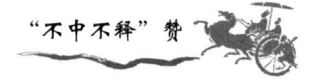

楚当地民众可能对此案的感受程度。这样要求并不过分，经过努力也是可以做到的，传统书籍、现代网络、自媒体，提供了查找的便利，只要用心去做就成。有了以上这三条作保障，所办的案件"不中不释"，是完全可以实现的。

从冯恩案件窥视明代的朝审

明代开国以来，就重视颁布法律。《明史·刑法志一》载："洪武三十年，《大明律》诰成。"规定："三法司，刑部、都察院、大理寺。刑部受天下刑名，都察院纠察，大理寺驳正。"还特别强调："朝审，每岁霜降后，三法司同公、侯、伯会审重囚，谓之朝审。朝审由吏部尚书秉笔，也有时由户部尚书主之。"《明史·冯恩传》完整地记录了南京御史冯恩，被定罪判刑，其母和子为其鸣冤，最终遇赦获释的事件，其中展现了朝审的全过程，读起来很有意思，从中可以看出明代朝审的梗概。

南京御史冯恩，忠诚耿直，数度直言，对世宗皇帝遭到三个奸臣裹挟，导致朝纲混乱，气愤无比，利用皇帝因天现彗星征询直言之机，上奏赞扬了几位大臣，如右侍郎顾鼎臣警悟疏通，不局偏长，器足任重；兵部左侍郎钱如京安静有操守；刑部左侍郎闻渊存心正大，处事精详，可寄以股肱；右侍郎朱廷声笃实不浮，谦约有守。重点弹劾大学士张孚敬、吏部尚书方献夫、右都御史汪鋐三人：张孚敬刚恶凶险，心存反义。方献夫外饰谨厚，内实诈奸,结党营私,让其掌管吏部,必将呼引朋类,播弄威福,破坏吏治。汪鋐,更是奸诈之徒,仇恨忠良,睚眦必报,今日奏降某官,明日奏调某官,全取决于憎恶,陛下以其为腹心,主持纲纪之首的都察院,必将极大祸害天下民生。天上彗星不足惧,这三个人才是三个"彗星"。"三彗"不除,政无清明,国无宁日。皇帝见冯恩如此揭露自己的宠臣,勃然大怒,将冯恩交锦衣卫关入牢狱,拷问其上疏还有没有指使者。冯恩每日受到严刑拷打,数次濒临死亡,但始终不改初衷。第二年春天,冯恩被移交刑部审查。皇帝欲按照《大明律》置冯恩于死地。因《大明律》规定"上言大臣德政"者,为"奸党罪",需处以死刑。尚书王时中说:"冯恩上书毁誉各半,并非专门赞颂大臣,应减死罪为戍役。"皇帝更加愤怒:"冯恩不是专指张孚敬三位大臣,只是因为大礼的缘故,不敢直接指责我,他目无君主,死有余辜。王时中想欺骗朝廷出卖案情吗?"皇帝立即削去了王时中的官职,将冯恩判处死罪,只等朝审后予以行刑。

朝审时,已升任吏部尚书的汪鋐任主笔,面朝东坐,冯恩却只向皇帝居处的方向跪着。汪鋐命令士兵拉着他向西跪,冯恩站起来不下跪。士卒呵斥他,冯恩怒声呵斥士卒,士卒都吓退了。汪鋐说:"你多次上疏想杀我,我今天先杀了你。"冯恩斥骂道:"圣明天子在上,你作为大臣,却想以个人恩怨杀谏官吗?况且这是什么地方,面对着百官说这些,为何毫无忌惮?我死了做厉

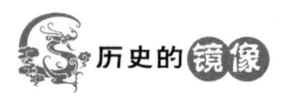

鬼也要击杀你。"汪鋐发怒道:"你以廉洁正直自负,为什么却在狱中多受人馈赠?"冯恩说:"患难相恤,是古代的义理。怎像你接受金钱,卖官鬻爵呢?"冯恩接着述说汪鋐所做的坏事,一直骂个不停。汪鋐更加气愤,推开桌子站起来想殴打他。冯恩的声音反倒更加严厉。同审的都御史王廷相、尚书夏言等,都说要以国家礼法为重,以缓解汪鋐的怒气。其他参加审判的官员还都没有发问,汪鋐就签署冯恩的罪行属实,将上报皇上朱笔圈阅后执行。朝审就这样草草收场。冯恩被押出长安门时,观看的人群都围成了人墙。大家都叹息,冯御史不但口如铁,他的膝、胆、骨全是铁打的,是个"四铁御史"。

这其间,冯恩的母亲吴氏击登闻鼓鸣冤,官衙不予理睬。冯恩的长子冯行可,只有十三岁,长跪在宫门前,看见戴冠者过来,就攀轿拽人呼喊救人,却无人敢为之传言。后又上书请求代父去死,朝廷答复不允许。《明史·刑法志一》曾记载过代父去死的案例:"(洪武)十七年,左都御史詹徽奏民殴孕妇至死者,律当绞,其子乞代。大理卿邹俊议曰:'子代父死,情可矜。然死妇系二人之命,犯人当二死之条,与其存犯法之人,孰若全无辜之子。'诏从俊议。"冯行可的请求未获准,有可能依据的就是这个判例。冬季行刑前夕,冯行可刺臂膀写血书,自缚宫门下,称:"臣父幼而失父,祖母吴氏守节抚育,得以成人并为御史,举家受皇上恩禄,正欲图报,却无辜被陷于死罪。祖母吴氏年已八十有余，极度忧伤，仅余气息。若臣父今日死，祖母吴氏亦必同日死。臣父死，祖母亦死，臣茕然一人，必不独生。望陛下哀怜，处臣去死，赦免臣父，以苟延母子二人之命。陛下杀臣，不伤臣心；臣被杀，不伤陛下法。臣伸张脖颈以候铡刀。"终于感动了通政使陈经，替冯行可上奏皇帝。皇帝阅后也动了恻隐之心，令三法司再议冯恩案件。尚书聂贤、都御史王廷相都为冯恩说话，认为冯恩本无大罪，判死刑更是与法不符，请求皇帝让冯恩以钱赎罪官复原职。皇帝不答应。两位官员又说对冯恩处刑过重，应令其到边疆戍守。皇帝这才答应下来，遂遣冯恩远赴雷州戍边。而汪鋐等奸臣，几个月后也相继被罢免。

冯恩戍边六年，遇到大赦回到家中。穆宗皇帝即位后，起用先朝敢于直言者。冯恩这时虽已七十多岁，仍被任为大理寺丞，八十一岁去世。冯行可也被朝廷表彰为孝子。

本来，朝审是明代重要的死刑复审制度，既有慎用死刑之意，又有宽宥之意，有助于皇帝控制生杀大权。一年一次的朝审，被审的都是重要的囚犯，审后按不同情况分别处理，由皇帝做出最终的裁决。对"情真罪当"的，处以死刑；对"罪有可矜或可疑"的，改判为戍边；对"抗拒不服"的，移送官府再去审问。然而，对冯恩的朝审，却走了过场流于形式，并受到政治所左右。一是竟由利害关系人汪鋐担任主审，尽管他是吏部尚书，按法律规定应该充任朝审的主审官，但此案中他就是被告者，理

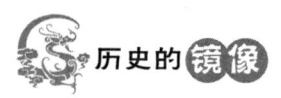

应回避才是；二是其他参审者均未发问，也未进言，朝审就结束了，未免太过草率；三是朝审过程中主审官不仅与被审者对吼对骂，还竟然要动手打被审者，可见审判过程中，根本就没有保障被审者申辩的权利。如此朝审，完全违背了订立这种制度的初衷，冯恩的冤情，还是靠亲属不停地上访申述，才最终感动了皇帝，得以免死从轻发落。看来，任何好的制度和规定，都要有合适的人，一板一眼地去执行，不走过场不流于形式才成。

廉吏苏琼断案的启示

南北朝的苏琼，可谓大名鼎鼎，"苏琼悬瓜"的故事，几乎人尽皆知。他曾任南清河太守多年，为官清明，廉洁自守，从未受赠，连瓜果等都一概拒绝。郡中有个叫赵颖的人，官至乐陵太守，八十多岁辞官归家。一天，他捧着两只刚摘的瓜，亲自送给苏琼家里。赵颖仗着自己年纪大，竭力请求苏琼收留，苏琼于是把瓜留下，竟不切开，悬于屋梁之上。人们听说苏琼接受了赵颖馈赠的瓜，也想进贡新摘的瓜果，可来到门前，得知赵颖送的瓜仍悬在房梁那儿，便都相视离去。

而苏琼断案的故事同样精彩。《北齐书·苏琼传》载："有百姓乙普明兄弟争田，积年不断，各相援引，乃至百人。琼召普明兄弟对众人谕之曰：'天下难得者兄弟，易求者田地，假令得地失兄弟心如何？'因而下泪，从人莫不洒泣。普明弟兄叩头乞外更思，分异十年，遂还同住。"说的是，有个名叫乙普明的百姓，兄弟俩争夺土地，多年没有裁决。都各自寻找证人，竟有一百多个。苏琼把乙普明兄弟叫来，告诉众人说："天下难以得到的是

兄弟,容易得到的是土地。如果让你们得到了土地而失去了兄弟情谊,怎么样呢?"说着便掉下了眼泪,那些证人也无不哭泣,乙普明兄弟两个叩了头,请求到外面去再想一想,终于和解了,分开了十年的兄弟,仍旧一同住了。

仅就史料粗略分析,苏琼断案有两大特点:一是视表见里抓关键。乙普明兄弟俩,争议的是土地,伤害的是亲情。苏琼没有就事论事,在争议的土地多少、大小、肥瘦上打转转,而是围绕孝悌、悌敬等精神层面做文章,加以引导规劝。孝悌,还报父母的爱,兄弟姊妹的友爱;悌敬,兄弟姊妹之间,团结友爱相互帮助。所谓"父慈子孝,兄友弟恭",这是做人做事的基础。孔子更是认为孝悌是"仁"的根本,是人性光辉的爱。孝、悌,加上忠、信、礼、义、廉、耻,是孔子德育的全部精髓,也是人生的八德。可以说,"孝悌"是封建时代维持社会制度和秩序的基本道德力量。苏琼抓住孝悌、悌敬来说事,激发人所固有的天地良心,使乙普明兄弟一朝顿悔,意识到兄弟情谊不能终绝,终于和好如初。二是带着感情做工作。苏琼说到情深处,自己先受感动潸然泪下,进而感动得随来的众多证人也都流了泪。人非草木,孰能无情?争议的当事人面对此情此景,怎么能无动于衷?

可以说,苏琼断案的经验,拿到今天来照样好使。法官做当事人的调解工作,尤其是民商事类案件的调解工作,当然要抓关键抓实质抓要害，弄清楚争议的焦点所在，然后才能有的放矢地做思想说服工作。一把钥匙开一把锁，要细心找出每个案件的关节点，特别是当事人的心思所在，千万不能被复杂纷纭的表面现象所迷惑。带着浓浓的感情去做工作，也是必不可缺少的。前提是要先把自己说服，对将要向当事人强调的事理，充满信心和诚意，不仅道理上要能征服人，感情上也要全神贯注，包括运用将心比心法、换位思考法、两害权衡法等多种谈话技巧，才能收到事半功倍的效果。当然，有人会说，以苏琼断案为例，古人尚重兄弟情谊，受到孝道等诸多道德规范的约束，似乎做起诉讼案件的调解工作来，要容易得多。而当今的人们在个人利益面前，好像没有什么禁忌，无所谓受什么约束，抓到手里就是好的，做好案件的调解工作真的是很难很难。不错，眼下道德观念严重缺失、"一切向钱看"、视钱如命、唯利是图的人比比皆是，确实会给法官的调解工作增添不少麻烦。但这也正是法院和法官的价值所在，通过艰苦细致的调解工作，使案件的当事人，在国家法律和社会规范的基础上，达成共同认可的价值取向，能够和解握手言欢。这不就是在为全民道德观念的重塑，法治意识的强化，一点一滴地做贡献吗？至于工作的难度肯定是有的，为此今天的法官，恐怕要比古代的同行们，更加刻苦更加努力才成。但是任何事情都有两面性，今天的工作条件和环境，信息化、现代化都达到如此程度了，可供

学习借鉴的东西多如牛毛,只要尽职尽责用心给力,法官们做起案件当事人的调解工作来,定会精彩纷呈,硕果累累。古人如地下有知,也会频频"点赞"的。

调解要创新方法

调解,对于解决纠纷,实现案结事了的重要性,在法院和法官的心目中,是不言而喻的了。大家都铆足了劲,案件和纠纷一上手,就在调解上下功夫,力求化干戈为玉帛、原被告和谐了结,实践中也取得了很大成效。但是,调解还有很大的发展空间,成效成果还不尽如人意。而创新方式方法,是调解向纵深发展,取得更大实效的必然趋势。《资治通鉴》中有个故事,或许能给人以点拨。

东汉末年,官至太尉的刘矩,早年曾任雍丘县令四年,就是今天河南省东部的杞县。这个地方可谓中原粮仓、人杰地灵,助商汤灭夏建商的贤相——伊尹,就出生于此。"杞人忧天"的典故,更是人人皆知,说的也是这里。

刘县令平素以知礼谦让教化民众,使那些没有孝心、不讲礼法的人,都自觉惭愧而改正。遇到有人提起诉讼,就把他们带到县衙门前,面对威严肃穆、刑具齐全的审案大堂,"耳提面命",苦口婆心,告诉他们,有什么成见、怨气甚至仇恨,都可以讲出

来，要自行妥善处理，实在解决不了，也要能忍得下、压得住，官司不能随意打，县衙不可轻易进。这样一来，好多原本要诉讼的人，都深受感动，握手言和，放弃了打官司的念头。一时想不开的人，回去以后也想开了，不再继续走告状之路。雍丘得以大治，境内"有路得遗者，皆推寻其主"。

刘矩对欲告状者的开导调解，堪称一绝。首先是地点新颖，县衙大堂前。其次是形象直观，和解就在外边，诉讼就进里面。再就是后果自负，纠纷一旦化解，和好如初，心情舒畅，海阔天空；官司一旦开打，旷日持久，劳民伤财，苦海无边。向来惜时、务实、纯朴的民众，当然会选择和解了。

古今同理。纠缠官司与调解和解，孰轻孰重，当今国人心中也是有数的。打官司耗时费力，光程序就有一审、二审，遇有申诉又再审，会拖上一年两年甚至更长；官司双方极易积怨，有时往往会越积越深；更有甚者，胜了官司，再碰个执行不能，问题仍得不到解决，岂不是空忙一场。而接受调解，化解纠纷，握手言和，可以说是好多当事人的愿望。如何使这一愿望得以实现，使调解结案率大幅上升，整合调解资源，创新调解方法，是必需的。

当前，要借《中华人民共和国人民调解法》颁布实施之际，将法院的调解融入社会大调解，做到纠纷未进门，调解就跟上，化解在庭外。如山东高密市法院建立调解小窗口，由选聘的人民

调解员,在法院和派出法庭,参与对立案前民事纠纷的调解。立案后,要实行全程调解,包括一审、二审、再审和执行,全员参与调解,从书记员到主管院长,力争在本程序内化解纠纷,防止"案生案",降低"内生案件"比例,即由一审派生出二审、再审、强制执行的数量。上级法院,对来本院申诉再审的,要相关下级法院先做调解工作,调解不成再立案。更多的法官,效法马锡五,到田间地头,到当事人家里,到企业,去做调解工作,等等。一切使当事人愿意调解、愉快接受调解的方式方法,都可以创造和运用。相信,办法是人想出来的,总会越来越多,效果总会越来越好。

调解不妨倡导"差不多"就好

法院对案件的调解工作,在强调思想上要重视,人员上要全员,程序上要全程,方法上要创新,与诉外调解对接上要无缝的同时,更要鲜明地倡导以"差不多"为原则,来解决原告被告争议的实体问题。这是因为调解终归不同于判决,对象往往是民间纠纷,就是过去所说的纯属人民内部矛盾,结果是争议双方,在自愿和平等基础上的和解,差不多就行了,不能太过较真,不能都追求圆满,不能都做到百分百,当然也不能差太多,弄得太离谱。

差不多就好,这方面的经典故事,自古有之。"千里家书只为墙,让他三尺又何妨?万里长城今犹在,不见当年秦始皇。"就是清康熙年间,礼部尚书张英,针对老家的亲属,要他出面管一管,因修院墙占了老家几尺宅地的邻居而写的家书。后来两家互让三尺院墙,在安徽桐城便有了著名的"六尺巷"。

那么,调解中如何去把握差不多的尺度?当然,首先要与法律法规和国家政策差不多。以事实为根据、以法律为准绳,再遵循一定时期的国家政策,是法院判案的基本标准。调解就大不一样了,虽然《中华人民共和国人民调解法》规定,"不违背法律、法规和国家政策",是调解的三项原则之一,但只要双方愿意,既不损害第三方的利益,也不至于危害社会,大体上不离以上标准和原则,左一点儿,右一点儿,有所突破,都是可以的,不一定非恪守上述标准不可。这需要实事求是,解放思想,大胆实践,只要有利于案结、事了、人和,有利于矛盾化解,有利于社会稳定,就是好的,就可以做。如果什么都要求与判决一样,还搞什么调解,还能有调解吗?还要与当事人的要求差不多。围绕双方争议的焦点和诉求,做互让互谦的工作,以获得求同存异、大同小异、八九不离十的效果,以使达成的和解,与当事人的要求大体能吻合上。第三,要与社会上人们的感受差不多。社会公理、社会公德,往往是人们评价事物的重要尺度。以差不多原则,来调解民间纠纷,如果纠纷原来有一定的影响面,也须博得社会的认同,取得多数人的拥护和支持,起码要获得广泛的社会同情。有的甚至需要网络网民的接受和认可。网上的一个帖子,就是一个号召,忽视不得,必须认真对待,准确及时回应。如果需调解的纠纷,已经在网上炒起来了,调解结果就需要让网民也感到差不多才行。最后,要与以往处理的案例差不多,特别是不能与那些已经得到处理,非常有影响的典型纠纷相悖。

倡导以差不多原则来调解民间纠纷,如同有了抓手,法院的

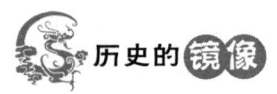

法官们，做起调解工作来，可能会更自如一些；当事人双方，对自己的要求也会更好把握一些，当然对结果也能更好接受一些。是不是这样，不妨一试。

"明日来"对今日之启示

《明史·循吏传》记载的众多好官中,有个松江知府赵豫,他为官清廉,深得民心,事迹挺感人,尤其是处理百姓间的诉讼纠纷,更有一手绝活。细心读一读《循吏传》的相关文字,定会有所收获。

明代的松江府,地盘大人口多,隶属京师南京,辖三县,华亭、上海、青浦,人口多时120万,少时也有50多万。赵豫于宣德五年(1430)被派往松江任知府,一干就是九年,政绩优异本应迁升,但松江百姓五千余人上书请求留任。朝廷便增加赵豫官俸两级,仍旧让他担任松江知府。直到正统十年(1445),赵豫在松江任职整整十五年,保持本色如初,离任时老百姓拦住他的车子,要求留下一只鞋子作为纪念。

《循吏传》载:"方豫始至,患民俗多讼。讼者至,辄好言谕之曰:'明日来。'众皆笑之,有'松江太守明日来'之谣。及讼者逾宿忿渐平,或被劝阻,多止不讼。"说的是,赵豫任松江知府后,发现当地民俗喜好诉讼,深以为患,决心根除。凡来府衙

诉讼者,赵豫以好言开导,告诉他"明日来"。大家都觉得赵豫的做法很可笑,于是就有了"松江太守明日来"的讥讽民谣。而诉讼者回家过了一宿,有的愤怒情绪渐渐平复,有的则被人劝说阻止,大多数人第二天便不再重来诉讼了。

可以说,一般的民间纠纷,特别是亲戚朋友之间的小摩擦,往往起因并非大怨大仇,多由一时感情冲动难以控制所致,若动不动就报官诉讼,往往非但不能很快解决问题,有时还会把事情搞得更加糟糕,由小怨而结成大恨,若能自行和解息诉止诉,则大多数恩怨会"柳暗花明又一村"。对待这类案件,赵豫知府的高招很简单:让时间来承担息诉止诉的"大任"。有来诉讼者,不是来者不拒一律升堂审案,而是讲明"怨易解不易结"的道理后,让他们"明日来",以使欲诉者获得再掂量再思考的时空,重新审视自己要求诉讼还值不值得,达到自行息讼罢讼的目的。

古今同理,今天民间仍有大量的因家长里短的家事、邻里小矛盾而惹起的各类民事诉讼,也不乏场面上的吵吵嚷嚷、面红耳赤、互不相让,派出法庭的法官,基层人民法院立案窗口的法官,每天都要面对这部分民众,是简单地给张表让其填上诉讼请求立案了事,还是先耐心细致做工作,看能否自行和解息讼,实在不成然后再收案立案,是对法院和法官是否真心实意为人民的一个检验。当然,凡来法庭要求起诉的,可能大都经过了村或街道委员会、司法所、民间调解委员会的前期工作,再简单

地套用赵豫的那句"明日来",仅靠时间来息讼止诉,显然已经不够用了,弄得不好还会担上办事拖拉的嫌疑。可做的唯有与上述诉讼调解组织的工作紧密衔接,再做一做苦口婆心、推心置腹的思想开导,不要怕费口舌费工夫,要会说话说好话,用百姓能听得懂的语言来交流,法理情理人情世故一起来,讲清和解和谐的好处,讲清诉讼所必然带来的时间、精力和金钱之累,尤其是诉讼的对抗性往往导致当事人之间的关系难以修复,让欲诉讼者明辨利弊关系,自觉自愿地放弃打官司之念。对那些经过工作仍旧铁了心要求打官司的,再立案收案也不迟。即使这样,也要把调解工作贯穿到审理的全过程之中,不失时机地于"庭前""庭中""庭后"三个阶段做好调解工作,以节省审判资源,最大限度地追求化解矛盾案结事了,切实维护当事人的合法权益。其实,这也是"基层人民法庭工作规则"的要求,是立案法官身上的光荣职责,也是促进人民团结保持基层稳定的需要,人民法官理应做好做到位的,也是能够做好做到位的。这就是赵豫的"明日来",对法官今日工作的启示。

把教育公民的责任切实担当好

隋朝的梁彦光,先后当过几个州的刺史,到哪里任职都重视教化民众,"于是人皆克励,风俗大改","为天下第一"。《隋书·循吏传》对梁彦光给予了高度评价,称其"内怀直道,至诚待物,故得所居而化,所去见思"。

《隋书·梁彦光传》载,在相州刺史任上时,"有滏阳人焦通,性酗酒,事亲礼阙,为从弟所讼。彦光弗之罪,将至州学,令观于孔子庙。于时庙中有韩伯瑜,母杖不痛,哀母力弱,对母悲泣之像,通遂感悟,既悲且愧,若无自容。彦光训谕而遣之。后改过励行,卒为善士。以德化人,皆此类也。吏人感悦,略无诤讼"。说的是,有个叫焦通的滏阳人,喜欢酗酒,侍奉长辈的礼节不够,被堂弟诉讼至官衙。梁彦光没有处罚他,而是把他带到州里的学堂,让他在孔子庙参观。当时庙中有韩伯瑜,因母亲打他不痛,为母亲力气衰弱而悲哀,对着母亲哭泣的塑像。焦通看后有所感悟,又悲伤又惭愧,无地自容。梁彦光训诫之后让他回去。后来焦通改过自新,努力培养良好的品行,最终成为善良的人士。梁彦光以道德感化人,都类似这样。官员和民众对梁彦光都心悦诚服,州里很少再发生争讼的事情。

上面所提到的韩伯瑜,是西汉人,有名的孝子,其事迹虽没有被元朝人所编辑的"二十四孝人物"所选取,但其故事载于《说苑》卷三《建本》:"伯瑜有过,其母笞之,泣。其母曰:'他日笞子,未尝见泣,今泣,何也?'对曰:'他日瑜得罪,笞尝痛。今母之力,不能使痛,是以泣。'"《太平御览》也有记载。因此,韩伯瑜的事迹,对国人孝道的影响很大。梁彦光运用韩伯瑜的雕像教育焦通的故事,也被后人传为佳话。宋代诗人林同,著有《孝诗》一卷,对上古至隋唐,有孝德的人物,以诗的形式进行赞扬。其中"贤者之孝二百四十首·韩伯瑜:母力今衰颖,悲啼得杖轻。流风存绘画,犹足感焦生"。

由梁彦光教育焦通的故事,联想到人民法院肩负的对民众教育的责任,很想多说上几句话。"人民法院组织法"规定:"人民法院用它的全部活动教育公民忠于社会主义祖国,自觉地遵守宪法和法律。"从这一规定可以看出,人民法院的教育工作,就过程来讲,是法院的全部活动而不是部分活动;就对象来讲,包括对案件当事人的特殊教育,也包括对广大公民的一般教育;就内容来讲,既有忠于祖国的爱国主义教育,也有遵宪守法的法制教育。人民法院及人民法官按照这一规定,搞好对公民的法制教育,任务光荣,责任重大。当然,这种教育工作主要体现和渗透

在法院的具体业务工作之中,但也绝不是依照程序,按部就班地走下来,自然而然就能完成好的。作为法院和法官,要有对公民进行法制教育的强烈责任感和事业心,并为此精心做好准备,包括收集审理案件并不需要、但开展法制教育却很需要的必要资料,甚至还要为此多学习储备很多知识,这样才能使对案件的当事人及民众的法制教育工作,更有针对性和有效性。还要注意创新教育的方式方法,像梁彦光那样对焦通进行说教之前,先让其参观孔子庙中至孝之人的雕像,以促其良心发现。现在身处网络时代,要充分调动一切有用的资源为我所用,包括书本的、电子的、自媒体中包含正能量的微信、微博等,尽量使对当事人及其他公民的教育工作生动活泼,喜闻乐见。比如审理婚姻家庭纠纷类案件的民事法官,就可以通过电视或网络查找观看天津卫视"爱情保卫战"、辽宁卫视"完美告白"、重庆卫视"大声说出来"、江西卫视"金牌调解"等节目。这几个节目都是由几名专家,为在爱情、婚姻、家庭方面产生困惑的男女,解惑出招做工作,很透彻很解渴,也很解决问题。可以参考借鉴,提高调解类似案件的能力和对当事人进行法制教育的本事,也可让当事人去看一看这些电视节目,以便他们对号入座自己来教育自己。法院和法官对当事人和其他公民的法制教育工作,还要常抓不懈。法制教育是一项潜移默化的工作,短时间内不可能获得很大成效和成绩,也不便于用数字来统计张扬成果,犹如春风化雨润心田,做好了做久了，必然对公民道德意识的重塑，法制观念的增强，文明程度的提高，起到积极的促进作用。如此功德无量的工作，各级法院和法官们，可不要看低了，更不要因案件多人手少忙不过来，而有所忽视。要咬住不放一抓到底，肩挑国家法律，积极搞好教育，为依法治国贡献更大力量。

多为当事人的长远利益着想

官不过亭长,史上却有传,恐怕在中华典籍中很少见,《后汉书·仇览传》就记载了这样一个小人物的故事。仇览在调解民间诉讼案件中,不仅以道德开导人,还尽可能地为当事人的长远利益着想,着实让人感动。

《仇览传》载,仇览被选为蒲亭长,"览初到亭,人有陈元者,独与母居,而母诣览告元不孝。览惊曰:'吾近日过舍,庐落整顿,耕耘以时。此非恶人,当是教化未及至耳。母守寡养孤,苦身投老,奈何肆忿于一朝,欲致子以不义乎?'母闻感悔,涕泣而去。览乃亲到元家,与其母子饮,因为陈人伦孝行,譬以祸福之言。元卒成孝子。乡邑为之谚曰:'父母何在在我庭,化我鸱枭哺所生。'"。说的是,仇览刚被选为蒲亭长时,有个叫陈元的人,独与母亲住在一起,母亲去仇览那里控告陈元不孝。仇览吃惊地说:"我最近经过你的房子,院落房舍打扫得干净整洁,地里庄稼的耕作也很及时。他不是恶人,可能是我的教化不够而已。你守寡多年把儿子好不容易拉扯大,自己辛苦多年也眼看着奔老年了,怎么能因一时愤恨,要把儿子陷于不义之地呢?"这位母亲听了心里感动,后悔起来,流着眼泪回去。仇览于是亲自到陈元家里同他们母子饮酒,就便为他们讲人伦孝行的道理,用祸福利害关系开导他们。陈元终于成为孝子。乡里流行这样一句谚语:"父母何在在我庭,化我鸱枭哺所生。""鸱枭"就是猫头鹰,用到文中一般都带有贬义。这句话大意是,再顽固不化的人,教育过来也是好样的。

  仇览所当的亭长到底是个多大的官?秦朝时,亭长手下有两卒,一为亭父,负责扫除;一为求盗,负责捕盗贼。到了汉代,史书中再没见亭长还有属下的记述,亭长可能就是光杆司令了。《汉书·百官公卿表第七上》载:"十里一亭,亭有长;十亭一乡。"《后汉书·百官五》载:"亭有亭长,以禁盗贼";"亭长,主求捕盗贼,承望都尉";"尉一人,典兵禁,备盗贼,景帝更名都尉。"按上述记载,亭长小于乡长,只管抓捕盗贼,隶属于县衙里的都尉。不管怎么讲,亭长官不大,管事也不多。如硬是按今天的官职来套,相当于乡镇司法员、片警以及派出法庭庭长一级。由于仇览以德感化人,被考城县令王涣看中,提拔他当了县主簿,不久又自拿俸禄,送他去京城太学深造。仇览学成归来,却拒绝州郡征召,甘当小民,后来虽被举为贤良方正,却因有病没能进京朝见皇帝,直到去世。就是这样一个小官的事迹,被史官完整记录下来,《太平御览》也予以收录,定是他以德育人的巨大感召

力所致。

　　仔细分析仇览化解陈元母子矛盾的事,有三点值得肯定:一是他与民众身在一起,心也在一起,非常了解民俗民风民情,对于谁家庭院是否干净,庄稼侍弄得如何,都一清二楚了如指掌。因此当陈母告儿子陈元不孝时,立马就能根据掌握的情况,得出陈元是孝还是不孝的正确判断来。二是处理问题的站立点高,能够为当事人的长远利益着想。两汉时代一直标榜"以孝治天下",《孝经》是必读经书,"举孝廉"又是用人制度的核心。当然,解决民事纠纷是必须以《孝经》为尺子的。在这种大氛围之下,一个人如被扣上不孝的帽子,后果何等严重是不言而喻的;而一个日益年老体衰的母亲,与被扣上不孝帽子的儿子,又因官司纠纷导致感情隔阂,将意味着可能老无所养的悲惨结局。陈母出于一时愤怒,将儿子告官,显然只看到眼前利益,没有看到长远利益。仇览以此切入开导陈母,自然能使其立马顿悟。三是不厌其烦地跟进做工作讲道理。仇览没有因陈母听从规劝息讼,就放下不管不问了,因为毕竟还没有与陈元接触,对其能否改恶从善心里没底,便又来到陈母家里,与他们母子俩饮酒叙谈,详细讲解孝道乃做人做事之根基,祸福是相互转化的道理,让陈元也受到教育启发,终使母子俩摒弃前嫌,母慈子孝家庭和睦。

　　可以说,仇览的事迹,对今天的法官,特别是基层派出法庭的法官,还是有启示的。多为当事人的长远利益着想,应成为法官处理那些家庭、婚姻、财产类民事纠纷案件的首选。怎样才能做到这一点？首要的是吃透案情，摸准当事人争议的焦点所在，防止头痛医头、脚痛医脚，透过现象看到本质，在解决实质问题上多下功夫。其次是要权衡利弊促进和谐，防止解决此纠纷再衍生出彼纠纷来，给当事人增添新的烦心事。对那些能换算成金钱解决的各类纠纷，就不要用换工、修补等复杂方式来解决。再就是不妨多以差不多就好的原则来调解结案。好多争讼中，不乏一时赌气或有亲情纠葛者，对于他们而言，有时越是分清是非，当事人双方的矛盾越是难以处理，甚至更加激化。在这种情况下，逐一细究案情未必是真为当事人着想的最佳解决纠纷的方式，而采取差不多就好的方式调解结案，化干戈为玉帛，可能更能促进当事人之间的和好和睦，更能维护当事人的长远利益。

隋朝名将史万岁的受贿与受冤

史万岁,与韩擒虎、贺若弼、杨素,并称隋朝四大名将。北宋年间成书的《十七史百将传》,史万岁也位列其中。史万岁好读兵书,长于骑射,行军作战,身先士卒,每战先登,善抚部下,将士乐为之效力,南征北战,屡建战功,官拜从二品的上大将军。后遭尚书左仆射、宰辅杨素的嫉妒诬陷,最终被隋文帝杨坚冤杀。读《隋书》相关传记得知,伴随史万岁一生的,涉及一个受贿案和受冤枉,其中的细节还是蛮有回味的。

(一)

先说说史万岁受贿案的情况。

《韦冲传》载,韦冲被任命为南宁州总管后,上表朝廷,欲推辞当这个总管。皇上下诏说:"西南方的夷人,屡屡反叛,互相残杀,我很怜悯他们,已下令部队镇守安抚,因为你才干足以胜任此职,你见识远大,军旅是大事,所以把它交给你。"韦冲到了南宁,夷帅爨震等首领都到府上拜见他。皇上很高兴,下诏书表扬他。韦冲哥哥的儿子韦伯仁,随韦冲在总管府中。韦伯仁抢夺他人的妻子,又放纵士兵劫掠。边疆民众对此很失望,后在夷帅爨翫带领下反叛朝廷。

这段记载说清了夷人反叛隋朝的起因。

《史万岁传》载,南宁州的夷人首领爨翫反叛后,隋文帝派史万岁为行军总管,率军前往平叛。史万岁率部经过千辛万苦,进入南中地区。爨翫依险固守,均被史万岁击破。隋军又前行数百里,经过诸葛亮纪功碑,史万岁叫人在碑背面刻文:"万岁之后,胜我者过此。"并将此碑予以倒置,继续向西挺进,转战千余里,破西南羌族30余部,俘获二万余人。夷人恐惧万分,不敢再战,爨翫被迫献上明珠宝物请降,立碑刻石赞颂隋朝圣德。史万岁遣使上奏,欲将爨翫带回朝廷。隋文帝准其所奏。但爨翫怀有二心,不想随军入朝,便以金宝贿赂史万岁。史万岁收受金宝后,便放了爨翫,自率大军而还。在益州成都的蜀王杨秀,得知史万岁受贿,便派人赴军中来搜索。史万岁闻知此事,将所得金宝全部沉于江底,使得杨秀查无所获。史万岁回朝后,以此次平叛之功,位晋正二品官——柱国。第二年,爨翫又反叛。蜀王杨秀弹劾史万岁受贿纵贼,致边患再起,毫无大臣气节。隋文帝下令严查此事。经查对属实,论罪当处死史万岁。隋文帝责问史万岁:"受金放贼,重劳士马。朕念将士暴露,寝不安席,食不甘味,卿岂社稷臣也?"史万岁辩解说:"臣留下爨翫,是担心

这个地方会有变故，让他加以镇抚。另外，臣撤军到达泸水，诏书才到，因此没有将爨翫押送入朝，实在不是接受了贿赂所致。"隋文帝见史万岁心有欺瞒，大怒道："我原以为你是个良臣，如今官职高俸禄重，反而变成国贼了呢？"并对有司说："明天就杀掉他。"史万岁惧而服罪，顿首请命。左仆射高颎和左卫大将军元旻等谏言："史万岁雄略过人，每次率军作战，无不身先士卒，又善于抚恤将士，大家乐意为他效力，即使是古代名将也难超过他。"隋文帝听后，怒气稍解，遂将史万岁削官为民。一年后，史万岁得以恢复官爵，拜河州刺史，兼领行军总管，以防备胡人来犯。

从以上记载看，史万岁受贿及受贿所造成的恶果，还是清清楚楚的，案子完全可以定死。隋文帝对史万岁受贿行为的处罚，先是欲行斩首，后在大臣劝说下，改为削职为民，也算是罚当其罪。应该说到这为止，史万岁受贿一案已经画上句号，案结事了。

（二）

再说说史万岁受冤枉致死之事。

开皇二十年（600），突厥达头可汗率兵进犯隋朝边境。隋文帝命晋王杨广、尚书右仆射杨素出灵武道，汉王杨谅与史万岁出马邑道，合击达头可汗。史万岁率大军出塞，至大斤山，与达头可汗军相遇。达头可汗派人问:"隋将为谁?"侦察骑兵报告说:"是史万岁。"达头可汗又问:"莫不是敦煌守卒史万岁?"侦察骑兵说:"是。"达头可汗确定隋军统兵将领是当年威震敦煌的史万岁后,慌忙引军回撤。史万岁挥军追击百余里,大破突厥军,斩杀数千,又继续跟踪追入沙漠数百里,凯旋。杨素方面此役毫无功劳可言,对史万岁妒忌无比,在隋文帝面前进谗言说:"突厥已经投降了,况且他们本来不是入寇,只是来放牧而已。"隐瞒了史万岁及其部下的功劳,导致皇帝未能奖赏出征的将士。史万岁数次上表陈述真实战况,为将士们请功,隋文帝仍未醒悟。此时正值隋文帝从外地初还京师,并刚刚废掉东宫太子杨勇,正穷追东宫的党羽。隋文帝问史万岁现在何处,其实史万岁就在朝堂上,但杨素却故意说:"史万岁正在拜访东宫。"以此来激怒隋文帝。隋文帝果然信以为真,立即下令召见史万岁。当时随史万岁出征的将士数百人正在朝廷上喊冤。史万岁见不得自己的部下受屈,对他们说:"我今天把你们的功劳极力地陈述给皇上,事情会解决好的。"见到隋文帝后,史万岁大讲将士如何有功,却被朝廷所压制,语气激昂愤慨,对隋文帝也不够恭顺。隋文帝越发震怒,当即命令武士将史万岁棒杀于朝廷之上。

史万岁被打死后,隋文帝追悔莫及,但还是下诏,重提史万岁接受爨翫贿赂的旧账,来说明史万岁有罪该杀。《史万岁传》载,诏曰:"柱国、太平公(史)万岁,拔擢委任,每总戎机。

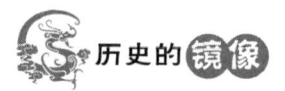

往以南宁逆乱,令其出讨。而昆州刺史爨翫包藏逆心,为民兴患。朕备有成敕,令将入朝。万岁乃多受金银,违敕令住,致爨翫寻为反逆,更劳师旅,方始平定。所司检校,罪合极刑,舍过念功,恕其性命,年月未久,即复本官。近复总戎,进讨蕃裔。突厥达头可汗领其凶众,欲相拒抗,既见军威,便即奔退,兵不血刃,贼徒瓦解。如此称捷,国家盛事,朕欲成其勋庸,复加褒赏。而万岁、定和通簿之日,乃怀奸诈,妄称逆面交兵,不以实陈,怀反覆之方,弄国家之法。若竭诚立节,心无虚罔者,乃为良将,至如万岁,怀诈要功,便是国贼,朝宪难亏,不可再舍。"这个诏书大意就是,史万岁因受贿而私放爨翫,导致爨翫又反,朝廷二次发兵平叛,这次抗击突厥又冒功闹赏,实属国贼,必杀无赦。

在史万岁立有大功之时,却遭人陷害为"冒功闹赏",与废太子交往密切,还重翻受贿罪旧案,而被隋文帝下令当廷打死,实属冤枉至极。"死非其罪,人皆痛惜。"史万岁身死之日,全国上下得知消息的,都为其感到冤枉和惋惜。《资治通鉴》第一百九十三卷载,御史大夫萧瑀劾奏李靖御军无法,突厥珍物,虏掠俱尽。唐太宗召李靖训责,李靖磕头谢罪。唐太宗说:"隋史万岁破达头可汗,有功不赏,以罪致戮。朕则不然,录公之功,赦公之罪。"即:隋朝史万岁打败达头可汗,有功劳不加赏赐,因罪招致杀戮。朕则不这样处理,记录下你的功劳,赦免你的过错。加升李靖为左光禄大夫。唐太宗这样说，当然是吹捧自己，笼络臣心，但也反映出对史万岁被冤杀的气愤。

（三）

从史万岁的上述故事可以看出：一、隋文帝杨坚廷杀大臣是家常便饭。《刑法志》的记载就是有力的证据：高祖"每于殿廷打人，一日之中，或至数四。尝怒问事挥楚不甚，即命斩之。""帝尝发怒，六月棒杀人。大理少卿赵绰固争曰：'季夏之月，天地成长庶类。不可以此时诛杀。'帝报曰：'六月虽曰生长，此时必有雷霆。天道既于炎阳之时震其威怒，我则天而行，有何不可！'"不仅隋文帝如此，南北朝的皇帝们犯此毛病的不在少数。《刑法志》载，"文宣（北齐帝高洋）于是令守宰各设棒，以诛属请之使。后都官郎中宋轨奏曰：'昔曹操悬棒，威于乱时，今施之太平，未见其可。若受使请赇，犹致大戮，身为枉法，何以加罪？'"高洋是个杀人狂，常常坐于高处的"金凤台"，召来死囚，把其身上绑上用苇子、竹子编成的席子作为翅膀，然后让他们飞下去，称之为放生。这些人坠地后都被摔死。高洋却看得欢笑不已。看来，曹操当年在洛阳北部尉任上，造"五色棒"，悬于四门，有犯禁者，皆棒杀之的举动，贻害不浅啊！

二、史万岁受贿案还是定得住的。证据充分，后果也很严重，导致同一个夷帅又得以二次造反，朝廷不得不再派军队劳师

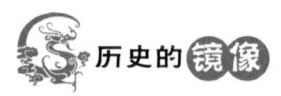

远征。看来，打仗时主将受贿，必然有损于战局，有损于国家，这一点无可争辩。受贿是史万岁的污点无疑，受贿误国也是事实。但既然史万岁的受贿罪已被处罚过，隋文帝处死史万岁时又重提此事，属于一罪两罚，就不应该了。隋文帝打死史万岁后，虽有所后悔，但不能认错，重提其受贿一事，无非是证明"皇帝总是有理的"。

三、导致史万岁被处死的原因是受人陷害所致。杨素虽前期有功于朝廷，但"专以智诈自立，不由仁义之道，阿谀时主，高下其心"；贪受货贿，营求产业，豪宅、田地以千百计，是个大贪官、大奸臣无疑。同是带兵抗击突厥，史万岁有功，杨素无功，这是杨素所不能允许的，硬是靠进谗言，诬陷史万岁，一步一步激怒隋文帝，进而假皇帝之手，弄死了史万岁。看来，隋文帝诏书上所说的国贼是有的，但不是史万岁，而是杨素。

"南山可移,判不可摇"

"判不可摇",语出开元盛世宰相之一的李元纮。《新唐书·李元纮传》:"元纮大署判后曰:'南山可移,判不可摇也。'"即终南山可以移动,判决却不可摇动。本传载:李元纮为"雍州司户。时太平公主与僧寺争碾硙,公主方承恩用事,百司皆希其旨意,元纮遂断还僧寺。窦怀贞为雍州长史,大惧太平势,促令元纮改断,元纮大署判后曰:'南山或可改移,此判终无摇动。'竟执正不挠,怀贞不能夺之。"说的是,李元纮出任雍州司户,也称户曹参军,是掌管户籍、赋税、仓库的小吏。太平公主倚仗权势,强夺佛寺一个石磨,被寺院告到雍州府衙。李元纮负责审理此案,将石磨判还给了佛寺。时任雍州长史的窦怀贞,畏惧太平公主势大,命令李元纮改判。李元纮坚持不改,签署判决后说:"终南山或许可以移动,但此案判决绝对不能更改。"李元纮执法刚正,作为上级的窦怀贞竟也无法改变。后以"南山可移,判不可摇"来形容铁案如山,不可更改。

从史料上看,李元纮之所以能做到执法刚正、"判不可摇",

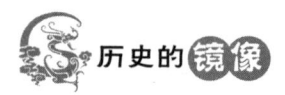

是与其浓浓的爱民情结不可分的。有两件事很感人:一是李元纮升任京兆尹后,诏令疏通三辅渠,当时权贵之家都沿渠架设水碾,蓄水筑堰争夺利益,导致渠水不畅,对农田用水危害极大。李元纮下令对这些水碾设施全部予以捣毁,疏通渠道以灌溉广大农田,使百姓深获其利。二是李元纮升为中书侍郎、同中书门下平章事,即宰相后,当时京官的职田被废置,便有朝臣建议在关中地区屯田,以充实国库。李元纮奏道:"边关百姓清闲,土地荒芜,以剩余民力耕种荒田,能够减少运输,充实军粮,因此设置屯田有益于国。但在内地关中,百官职田散居各地,百姓的私田都在努力耕种,不能占取。如果设置屯田,就要职田与私田相换,还要征发民力。调发劳役则家业荒废,减免租税则国赋欠缺,内地设置屯田,自古未有,恐怕得不偿失。"唐玄宗遂停止了此议。

当然,"打铁还需自身硬",李元纮敢于坚持刚正判决不更改,与其自身清廉密不可分。他执掌国事多年,不曾改修建造住宅,车子简陋马匹瘦弱,得到的封赏都用来接济亲族。右宰相宋璟感叹道:李元纮"贵为国相,家无储积。虽季文子之德,何以加也!"用春秋时代在鲁国执政三十余年,忠贞守节、克勤克俭的大贤季文子相比,可见评价之高。

写到这儿,突发奇想,各级法院的一审法官们,能不能也把"判不可摇"当作自己追求的目标,审理案件就一定要把它办成铁案，判决一旦下判，就不应当再改来改去。这里除了要像李元纮那样，敢于抵制来自各方面的干扰和压力外，当然现今主要是来自某些领导机关和领导干部的招呼、请托等，要敢于唱黑脸，坚决顶回去，并按照新的规定给予记录在案。最重要的是对所办理的每一起案件，都要真正研深吃透，在事实清楚、证据充分的前提下，依法做出公正的判决来，并精心写好一字千钧的判决书，使自己所办的案件经得起时间的检验。按照程序，案件有二审也有再审，但总不能因审级不同而作出的判决书，同原审判决书对照起来迥然不同，做不到一字不改，也不能面目皆非吧。这也是法官对所办案件质量终身负责制的必然要求。一审的法官们加把劲，向着"判不可摇"的目标冲击，为促进依法治国做出应有的贡献！

从裴景仙案看唐代"八议"之"议功"的应用

《旧唐书·李朝隐传》《裴寂传》和《刑法志》及《资治通鉴》的相关记载,展示了唐代"八议"之"议功"的一个典型案例——裴景仙坐赃案,读起来蛮有味道,有助于了解"八议"制度的梗概。

"八议"简况

所谓"八议",最早源于西周的八辟,在三国曹魏的《新律》中首次入法,到唐朝已经发展得日臻完善了。《旧唐书·刑法志》载:唐律"有议请减赎当免之法八:一曰议亲(即皇帝的亲戚),二曰议故(即皇帝的故旧),三曰议贤(即德行出众的人),四曰议能(即有大才干的人),五曰议功(即对国家有大功劳的人),六曰议贵(即三品以上的官员和有一品爵位的人),七曰议宾(即前朝国君的后裔和被尊为国宾的人),八曰议勤(即特别勤于政务的人)。八议者,犯死罪者皆条所坐及应议之状奏议,议定奏裁。流罪已下，减一等。若爵五品以上，及皇太子妃大功以上亲，应议者周以上亲，犯死罪者上请。流罪已下，亦减一等。若七品以上官，及官爵得请者之祖父母、父母、兄弟、姊妹、妻、子孙，犯流罪已下，各减一等"。又规定"其犯十恶者，如谋反、谋大逆等，不得依议请之例"。按上述规定的"八议"，就是对上述八种人及其亲属犯罪，司法机关不能直接审判，只能提出适用法律的意见，然后交由皇帝裁决，而皇帝往往法外开恩给予其减轻免除处罚的特权制度。当然如属十恶重罪，也不能减轻或免除罪责，只能改变一下处死方式。

从曹魏至明清，"八议"规定，历经1700多年而不改，使封建贵族官僚的司法特权得到公开、明确、严格的保护。但随着皇权越来越拥有绝对的权威，人臣完全成为皇帝的奴仆，不论有多大功劳，有多高的官职爵位，皇帝可以凭一时的愤怒，将人臣廷杖致死，"八议"之法也就失去了它本来的色彩。以至有的学者说，明清两代都很难找到较为像样的"八议"案例。

裴景仙坐赃案的始末

《旧唐书·李朝隐传》把这个案件说清楚了。

李传载，李朝隐官至大理卿，以清正廉明、刚正不阿著称。开元十年（722），迁大理卿。"时武强令裴景仙犯乞取赃积五千匹，事发逃走。上大怒，令集众杀之。"说的是李朝隐被调入京

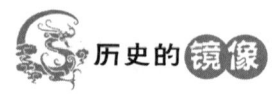

城任掌握全国刑狱的最高长官大理寺卿。武强县令裴景仙因为犯索取钱财之罪,累计价值达5000匹布,事发后畏罪潜逃。唐玄宗大怒,明令召集百官,欲将裴景仙当众处斩。

这段记载表明,裴景仙犯罪逃跑被抓,皇帝欲将其处死;下一段则记载了李朝隐连续进谏,对裴景仙案要依律处刑,并要依"八议"之"议功"规定,给予从轻处罚。

李传又载,"朝隐执奏曰:'裴景仙缘是乞赃,犯不至死。又景仙曾祖故司空寂,往属缔构,首预元勋。载初年中,家陷非罪,凡有兄弟皆被诛夷,唯景仙独存,今见承嫡。据赃未当死坐,准犯犹入请条。十代宥贤,功实宜录;一门绝祀,情或可哀。愿宽暴市之刑,俾就投荒之役,则旧勋斯允。'手诏不许。朝隐又奏曰:'有断自天,处之极法。生杀之柄,人主合专;轻生有条,臣下当守。枉法者,枉理而取,十五匹便抵死刑;乞取者,因乞为赃,数千匹止当流坐。今若乞取得罪,便处斩刑,后有枉法当科,欲加何辟?所以为国惜法,期守律文,非敢以法随人,曲矜仙命。射兔魏苑,惊马汉桥,初震皇赫,竟从廷议,岂威不能制,而法贵有常。又景仙曾祖寂,草昧忠节,定为元勋,位至台司,恩倍常数。载初之际,被枉破家,诸子各犯非辜,唯仙今见承嫡。若寂勋都弃,仙罪特加,则叔向之贤何足称者,若敖之鬼不其馁而?舍罪念功,乞垂天听。应敕决杖及有犯配流,近发德音,普摽殊泽,杖者既听减数,流者仍许给程。天下颙颠,孰不幸甚!瞻彼四海,已被深恩,岂于一人,独峻常典?伏乞采臣之议,致仙于法。'"说的是李朝隐进奏说:"裴景仙因为索取贿赂,罪不至死。而且他的曾祖父裴寂为开国元勋。武则天初年,家中被陷害,兄弟都被株连,只剩下裴景仙自己活下来了,又是嫡传。根据法律,其索取钱财不应判处死刑,而且因其身份可适用有关'请'的规定。鉴于裴景仙祖辈忠贤,而且一门绝祀,于情可怜。希望能够免除死刑,对其投之荒远,方为公平。"唐玄宗不同意。李朝隐于是又进奏道:"生杀之柄,为人主所专;然而定罪轻重,法律有条文,罪责大小,臣下应当恪守。贪赃枉法的行为,属于违背天理而得财,赃物满十五匹处以死刑;索取钱财的,因为是索取所得,赃物数量达数千匹,也只是应当处以流刑。现在如果因为索取钱财就要处斩,以后如果有贪赃枉法的,应当怎么处理呢?所以治理国家应珍惜和尊重法律,恪守律文,不敢使法律因人而异,臣并非斗胆因人用法,曲意宽纵于他。魏文帝发怒欲杀监管围猎不利的官员,汉文帝因一行人惊其坐骑,交廷尉速斩此人,后都听从朝臣之议,依律免去死刑,不是皇帝没有权威,而是法律必须上下一体严格遵守。另外,裴景仙曾祖父裴寂,唐朝初创时的忠臣,立下头功,官至首辅,恩宠备至。然而,载初之际(690),裴家子孙被冤枉获罪,均死于非命,唯有嫡传裴景仙幸免,今若不顾裴寂之功,将裴景仙治罪,那么春秋时叔向曾劝止晋平公欲杀捉鸟不成的仆从竖襄

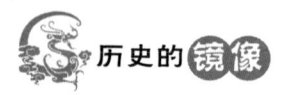

被后世称贤,就不会发生;楚国已故的若敖氏因被灭宗,而无后人为之祭祀的悲剧就会重演。对裴景仙应忘其罪过,念其家族的功劳,给予减免刑罚。天下受到皇恩的人不计其数,为什么偏要对裴景仙施以重刑?请求采纳臣的建议,依法处理裴景仙之案。"

而下面记载的是,唐玄宗采纳李朝隐的谏言,对裴景仙予以了从轻发落。

李传又载:"乃下制曰:'罪不在大,本乎情;罚在必行,不在重。朕垂范作训,庶动植咸若,岂严刑逞戮,使手足无措者哉?裴景仙幸藉绪余,超升令宰,轻我宪法,蠹我风猷,不慎畏知之金,讵识无贪之宝,家盈黩货,身乃逃亡。殊不知天孽可违,自愆难道,所以不从本法,加以殊刑,冀惩贪暴之流,以塞侵渔之路。然以其祖父昔预经纶,佐命有功,缔构斯重,缅怀赏延之义,俾协政宽之典,宜舍其极法,以窜遐荒。仍决杖一百,流岭南恶处。'"说的是唐玄宗于是下诏:"定罪不是根本,在乎本于人情;刑罚贵在必行而不在重。朕垂范作训,岂是为了严刑峻法,屠戮生灵,使人手足无措?裴景仙侥幸于祖上的庇护,轻易提升为县令,致使其藐视法律,败坏风俗,取财无道,赃物满屋,犯罪逃亡。殊不知天孽或可违,自身之罪难饶,之所以没有严格依据法律而处以重刑,本是希望惩治贪暴之流,以杜绝贪赃之路。然而因其祖父曾经辅佐朝廷,有经营开创之功,出于缅怀之意,适用政宽之刑,不用处以极刑,将他发配边荒。"最终裴景仙被处以杖一百,流放岭南荒蛮之地的刑罚。

裴景仙坐赃案应适用的法律

《唐律》规定有"六赃",即强盗、窃盗、受财枉法、受财不枉法、受所监临、坐赃。其中的"坐赃",是指官吏不是由于收受贿赂或盗窃等原因,而是为公或为私收取不该收取的财物的行为,即凡因事接受他人财物的,就构成坐赃罪,它是六赃罪中最轻的一种。而计算赃物的标准,以绢的尺与匹为单位,每匹长四十尺,幅一尺八寸。唐律对坐赃之罪规定处罚较轻:赃一尺笞二十;每一匹加一等,十匹徒一年;每十匹加一等,至多徒三年。裴景仙作为武强县县令,虽累计获赃数量巨大,但是应当按照"坐赃"罪论处,依律最高只能判处三年徒刑,而不应当判处死刑。

另外,裴景仙属于功臣后裔,所犯罪行又不属于"十恶"之列,应适用"八议"中的"议功"条款。李朝隐和唐玄宗,说到裴寂功劳时,都多次提到"缔构"即经营开创,"草昧"即草创一词,可见裴寂与唐朝的初创密不可分。《裴寂传》载:裴寂与时任太原留守的唐高祖李渊交好。当时李世民打算举兵反隋,但又不敢对父亲直言,裴寂便代其进言李渊,获得李渊认可,遂起兵太原。唐朝建立后,裴寂担任尚书右仆射,成为首任宰相,被封为第一功臣。唐太宗李世民继位后,裴寂所获恩宠如前。裴寂

子裴律师，官至汴州刺史。而李朝隐所说的裴家遭受的冤案，据《资治通鉴》卷二〇四载，垂拱四年（688），司徒、青州刺史霍王李元轨因犯与越王李贞通谋罪，被废黜并流放到黔州，用囚车运送，行至陈仓死去。江都王李绪、殿中监郿公裴承先都被处死于街市。裴承先是裴景仙之父，裴律师之子，裴寂的孙子。

唐玄宗可能是出于法律的威慑性考虑，欲加重对裴景仙的处罚，执意要判处其死刑，显然属于轻罪重罚，又违背了"八议"的规定。李朝隐紧紧咬住按律办案和适用"八议"的两条理由，连续进谏，讲法讲理讲情，苦口婆心，颇富仁爱，终于打动和说服了皇帝，最终对裴景仙依法做出了较轻判处。当然，这个案子发生在开元盛世，严格执法的大氛围，看来还是有所保障的。

在这里，李朝隐的敢于直谏，唐玄宗的勇于改错，都是令人钦佩的。尤其是李朝隐的名言"为国惜法，期守律文，非敢以法随人"，即为了国家珍惜和爱护法律，期望坚守法律条文，不敢在适用法律时搞因人而异，更是铿锵有力，让人记忆犹新。以此作为执法者的担当与责任，并为自己设定不可逾越的底线，是超越时空值得今天的法官们去学习和效法的。

敢于担当巧办案

隋末唐初的张允济，虽出任过刑部侍郎和幽州刺史，但时间都很短，史书也没记载他有什么政绩，倒是在县令和郡丞的位置上，用今天的话说，在基层岗位上，干得红红火火有声有色，特别是勇于担当，智慧破案，更是让人称道不已。

《旧唐书·张允济传》载："张允济，青州北海人也。隋大业中为武阳令，务以德教训下，百姓怀之。元武县与邻接，有人以牸牛依其妻家者八九年，牛孳产至十余头；及将异居，妻家不与，县司累政不能决。其人诣武阳质于允济，允济曰：'尔自有令，何至此也？'其人垂泣不止，具言所以。允济遂令左右缚牛主，以衫蒙其头，将诣妻家村中，云捕盗牛贼，召村中牛悉集，各问所从来处。妻家不知其故，恐被连及，指其所诉牛曰：'此是女婿家牛也，非我所知。'允济遂发蒙，谓妻家人曰：'此即女婿，可以牛归之。'妻家叩头服罪。元武县司闻之，皆大惭。"说的是，张允济，青州北海县人。隋大业年间为武阳县县令，致力于以德行教育训导民众，百姓怀念他。元武县与武阳县接壤，县

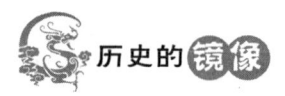

里有个人带了头母牛,随他妻子的娘家一起生活了八九年,母牛生下了十多头小牛。到了要分家时,妻子娘家人不肯还给他那头母牛,元武县衙门几任县令都不能解决这个案件。那人就到武阳县请求张允济评判。张允济说:"你自有元武县令,怎么到这里来告状?"那人泪流不止,说了事情的始末。张允济于是命令手下人绑了那人,用衣衫蒙住他的头,将他带到他妻子娘家所在的村子,说是抓住了盗牛贼。张允济召集村人,将村里的牛全部集中在一起,一头一头询问牛是从哪里来的,妻子娘家人不知道其中的缘故,又担心受连累,就指着那头强占来的母牛说:"这是我女婿家的牛,从哪里来的我就不知道了。"允济便揭开牛主人蒙头的衣衫,对他妻子娘家人说:"这就是你女婿,你可以把牛还给他了。"妻子娘家人叩头服罪。元武县官员听说后,都十分惭愧。

上述案件办得精彩,足见张允济的"三有"品格:一是有担当。本来案件的当事人,是邻县人,不属于他的管辖之内,且案件又久拖不决,当事人成了"上访老户",当然案件也就成了老大难问题。但他不推不躲,敢于接手,勇于担当。二是有智谋。他没有像常规办案那样,击鼓升堂大刑伺候,或屈打成招或不了了之,而是心生一计,深入乡里,现场办案,当面质问,抓个现行,让被告人心悦诚服。三是有爱心。他之所以接受邻县人的案件,不就是听了当事人的哭诉,起了同情之心吗?还有一件事也

很感人。《张允济传》载,张允济曾在路途中遇到一个种葱的老妇人,搭了一座圆形草房在那里守葱,张允济对老妇人说:"你只管回去,不要这么辛苦地守在这里,如果葱真的丢了,就来报告县衙。"老妇人听从了他的劝告,回家去住,结果葱丢失了很多。老妇人把情况告诉了他,他便把相关十里之内的全部男女都集中起来,一个个到跟前来检验查问,很快就查到了盗葱的人。

张允济的"三有"品格,尤其是敢于担当、勇于为民排难解忧的精神,永远值得学习借鉴。当然,并不是说可以不顾案件管辖的各项规定,胡乱收案胡乱办案。在国家法律和有关规定的范围内,依法办理各类案件,也要有敢于担当的精神,勇于接受和办理疑难案件,决不能见难而退绕着走。越是在司法改革深入发展的情况下,越要提倡和鼓励大胆负责,敢于攻坚克难的精神。有智慧、会办案,保证所办案件能一锤定音案结事了,更应成为一名人民法官终生追求的目标。要做个有心人,多学习,多琢磨,多观察,多总结。不能年复一年案件办了不少,无非都是依程序按部就班地走下来,因不善于动脑子来抽象概括,办案水平却不见提高。而对民众有爱心,则是上述一切问题的基石,急人民所急,解人民所困,帮人民所需,是人民法官为人民的具体体现,是"三严三实"教育的必然要求。张允济身为县令,看见老妇人护葱辛苦,就出手帮忙解困,且一包到底,真的是很令人钦佩。人民法官对当事人也要有这种爱心,使所有到法院打官司告

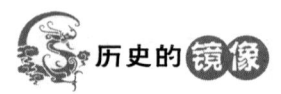

状的人员，包括那些可能连自身案子大概内容都说不清楚的当事人，都要热情接待耐心解答，给予发自内心的真诚帮助，千万不要冷脸一摞，口出冷语，弄得整个人像不会笑一样，须知这样的形象是最难看的，也是人民大众最厌恶的。

白脸青天陈希亮

北宋的黑脸青天大老爷包拯，人尽皆知，其实同时代还有一个陈希亮，他先后担任过县令、知府、转运使等地方官，为官几十年，始终做到清心寡欲，见义勇为，惩恶除霸，更以善于为冤错案件平反昭雪而著称，深受平民百姓称颂。大文豪苏轼在陈希亮过世后不久，受其事迹感召，又担心其事迹失传，特意写下了文采横溢的《陈公弼传》，直到今天此文还被列入中学教材之中。因陈希亮自幼好学，属于白面书生，被人称为"白脸青天大老爷"。

《宋史》本传记载了陈希亮多个这方面的事例，不妨摘录如下：一个是，陈希亮初任大理评事、长沙知县，郴州竹场有人伪造证券付给输竹户，以送到官府充当税竹票据，事情被发觉后，众多输竹户将被处死。陈希亮查出输竹户是无辜的，便将他们都放出来，后来果真找到了伪造证券的人，原来是竹场官吏雇人制作假券，将输竹户缴纳的竹子占为己有，而让输竹户去顶罪吃官司。宋仁宗赐给陈希亮五品官服，百姓则称其为"白脸青天大老

爷"。

一个是,陈希亮任房州知府时,大盗贼头子党军子正嚣张一时,转运使派供奉官崔德赟带兵缉拿捕杀。崔没能抓到党军子,便将贼军曾落脚过的一个平民向氏家包围,杀了向家父子三人,将头颅挂在南阳示众,并宣称"这就是党军子"。陈希亮察觉向氏是被冤枉的,便将崔德赟关入大狱,崔不服。后来党军子在商州被抓获。圣上下诏赐给向家绢帛,免除向家的徭役,并将崔德赟流放到通州。

再一个是,有人说华阴人张元逃到夏州,做了西夏叛臣赵元昊的谋臣。皇上下诏将张元全族百余人迁到房州,以监视他们的行动。张家人因此背井离乡,饥寒交迫,面临死亡的威胁。陈希亮认为,张元的事真相未明,即使张元真的投降了敌国,他连自己的国家都不顾,还会顾及自己的族人吗?现在这样做徒然只会坚定张元为敌人卖力的决心,况且这些人都是张元的远亲,他们是无罪的。于是密奏皇上,皇上遂下诏将张家族人一律释放。张家老少在陈希亮的庭中哭泣道:"我们可以回故乡去了,可又要离开您这位再生父母,怎么办呢?"于是画了陈希亮的肖像带回家乡,立祠祭祀。

三个冤案,涉及人数众多,之所以陈希亮都能及时纠正过来,本传没有做详细分析,笔者认为关键在于,一是抠清细节。如竹场假证券案中,输竹户们连自己的名字都不会写,怎么能够

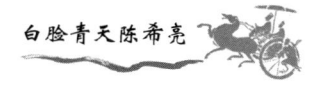

伪造出假券？另外，大量竹子都去了哪里？陈希亮正是盯住这些虽属小细节却关乎大事实之处，摒弃光靠屈打成招那一套招数，深查细究，才得以使案件水落石出的。二是据实分析。这个"实"，其实就是当时社会综合情况的反映，有民风民俗民情，有人们对客观事物的普遍看法，等等。陈希亮对张元的族人是否参与反叛活动的分析，入木三分入情入理，是他接近实际、植根于百姓的必然结果。三是敢于直言。为可能构成反叛罪的小老百姓，上疏皇帝进行申辩，可不是小事情，弄不好龙颜不悦是要掉脑袋的。陈希亮却全然不顾这些，为了还蒙冤者以清白，避免朝廷错杀无辜铸成大错，大胆上疏陈言，这正是断案者应有的耿直与骨气。

可以说，"白脸青天"陈希亮，今天仍然是断案者值得效法的榜样。老子《道德经》六十三章载："天下大事，必作于细。"各类案件无论大小，都是由一个个细节所组成，离开细节的案件是不可能存在的。关注细节，减少瑕疵，才能成就铁案。法官办案的硬功夫真本事，就在于接手一个案件后，能够迅速发现和查实一个一个的细节，而不是囫囵吞枣止于大概可能，对细枝末节忽略不计。即使是那些调解结案的民间民事纠纷案件，也是越弄清细节越有利于分清是非，有利于调解成功。更不用说那些刑事大要案了，一个细节抠不死，有可能就要大翻盘，造成冤错的恶果。对案件的综合分析必须精当准确，除了要选准适用的法条

外,还要对案件所涉及的情与理,案发地民众所能理解和接受的程度,以往同类案件处理的尺度,有个总体性的评估,这样最终形成的对案件的处理意见,才能够做到准确无误。在强调办案责任终身负责制的今天,做好这一点尤为重要。至于耿直,有骨气,直言不讳,刚正不阿,更是法官身上应具备的优秀品格,说得严重一点,无此就不配当一名人民法官。

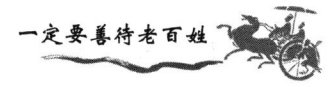

一定要善待老百姓

《明史·陈本深传》，不足五百字，但却把一个接地气、有人缘，善待老百姓，与民众亲密无间、融为一体的好官，写得活灵活现，栩栩如生，值得读一读。

陈本深于宣德五年（1430）出任吉安知府，他为官有三个特点：一是接待民众来访不拘一格。《陈本深传》载："本深为政举大纲，不屑苛细。""晨起，鼓而升堂，吏无所白，辄鼓而休。间有所讼，呼至榻前，析曲直遣之，亦不受状。"说的是，他为政注重大纲不死抠细枝末节，早晨击鼓升堂，官吏没有要汇报的，百姓没有告状的，就立即退堂休息。如果这其间再有百姓来打官司的，也不用正式坐堂受理状纸，就径直将其叫到后堂他的几案前，耐心听其陈述，为之论是非辨曲直，然后让他们各自回去。二是听取民众呼声童叟无欺。"有抑不伸者，虽三尺童子，皆得往白。"说的是，老百姓遇有冤屈、苦闷和压抑，得不到申诉者，他都认真接待，倾听其陈述，连小孩子也不例外。经过几年的治理，"民耻争讼"，郡中大治。三是融入民众生活其乐无穷。"正

统六年（1440），满九载当迁，郡人乞留，诏予正三品俸。廨前民嫁女，本深闻鼓乐声，笑曰：'吾来时，乳下儿也。今且嫁，我尚留此耶？'遂请老。前后守吉安十八年，既去，郡人肖像祀之。"说的是，他在任上干了9年，照例应进京述职升官。吉安百姓要求朝廷让陈本深连任。皇帝嘉奖了陈本深，晋升他为正三品，仍回吉安任职。他不把自己关在衙门大院，不封闭自己，连民众家中的小姑娘，从吃奶到嫁人的趣事，全都知晓。有一天听到官衙附近有嫁女的喜乐喧闹声，陈本深感慨万千，说："我上任时这个姑娘还在吃奶，现在可以嫁人了，我已经干了18年，也该告老还乡了。"遂向朝廷请求获得批准。陈本深离开吉安后，百姓们专门立肖像建祠堂来祭祀他。

查《明史》，得知当时江西境内的吉安府，下辖9个县。按照明代官制，知府为正四品官。如此看来，吉安府很大，陈本深的官阶也不算低。就是这样一个陈大人、陈知府，没有高高在上，当官做老爷，却如此随和随便，善待民众，亲民便民，与民同乐同喜，真是难能可贵。

其实，各级官员要植根于民众之中，与民众融为一体，打成一片，善待老百姓，既是党的优良传统，党的一贯要求，也是党的司法工作的优良传统，大可不必拿古人来说事。只是觉得《陈本深传》中，记述他与民同喜同乐的情节挺有味道，写出来供读者看一看。司法前辈创造的"马锡五审判方式"，不拘形式，简

化手续,方便群众诉讼,依靠群众,实行巡回审判、就地审判,并使群众在审判活动中受到教育,其核心就是"一刻也不离开群众",法庭的大门甚至法官的家门,都随时向老百姓敞开,时时刻刻都善待老百姓。尽管今天各方面情况都发生了巨大变化,但党的这些司法工作的光荣传统,一时一刻也不能丢。具体落实到法官身上,就是要善待到法院法庭来的每一个老百姓。为此,就要求法官在内心深处不要忘了自己来自哪里,来自人民大众就要全心全意服务于人民大众,在日常工作和生活中,自觉做一个标准的平民。要只求不显,与民众融为一体不分彼此,与民众接触要亲切自然。只有这样,才能保持人民法官同人民群众的血肉联系,做到同呼吸共命运心连心,也才能使法官与民众实现零距离接触,心贴心沟通,做起民众的调解工作、思想开导来,才能得心应手,话才能说到民众的心坎里,民众也才能心悦诚服地接受。基层派出法庭的门,要随时向老百姓敞开,因为民众之间的大大小小的纠纷,随时可能发生,它可不管是工作日还是休息日,发生了最好能尽快得到解决,防止以小积大酿成祸端,除了当地民间组织和司法员(所)的调解,派出法庭就首当其冲了,要随时有人接受民众的状子,耐心倾听民众的诉说,以帮助民众出出主意消消气,最大限度地使民众的纠纷得以化解。

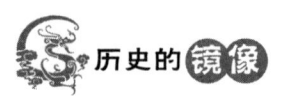

"就路决焉"赞

任昉,是南朝著名的文学家,藏书家,梁武帝萧衍时期任过御史中丞,出为义兴太守、新安太守。《南史·任昉传》载:"出为新安太守,在郡不事边幅,率然曳杖,徒行邑郭。人通辞讼者,就路决焉。为政清省,吏人便之。"即外调为新安太守,在郡为官不修边幅,随随便便拄上根拐杖,徒步走街串巷。有人来告状,就在大路边上就地裁决。为政清静简约,官吏和百姓都感到方便。任昉的"就路决焉",是不是我国历史上最早的派出流动法庭,已不好考证清楚,但如此放下官老爷的架子,便民利民惠民,将纷争化解于大堂之外,确实值得点赞。

任昉为什么能做到"就路决焉",从史料综合分析,我感到大体上原因有三:

一是学识渊博,尤为精通法令。《任昉传》载:"博学,于书无所不见,家虽贫,聚书至万卷,率多异本。及卒后,武帝使学士贺纵共沈约勘其书目,官无者就其家取之。""所著文章数十万言,盛行于世。"对于法令,更是悟得其真谛。有一事可证明这

一点,任昉曾给梁武帝上表,专门就刊改法令提出自己的独到见解。《全上古三代秦汉三国六朝文·全梁文》卷42载,任昉《为梁公请刊改律令表》:"臣闻淳源既远,天讨是因,画衣象服,以政刑厝,草缨艾韠,民不能犯,及淳德下衰,运距浇季,汤刑禹政,不足禁奸,九法三章,无以息讼,所以赭衣塞路,囹犴成市,凝脂已疏,秋荼非苦,奸吏为市,生杀并用,可为恸哭,岂徒一绪,夫肖貌天地,禀灵川岳,受体爱敬,发肤为重,流矢影风,顾有忧色,而当妄加刲斲,金木为伍,且夫刻木不对,画地不入,畏避若是,而动贻非命,王道为亏,良在于此,法开二门,为政之蠹,生杀多绪,谁适其从。"大意是:"臣听说淳朴风俗的源远流长,人们都惧怕来自上天的惩罚,因为罪犯的衣服上都画有五刑图像,以至刑法搁置而不用,只在罪犯的冠上加草带以示羞辱,割去罪犯衣服上的蔽膝以代替宫刑,即使这样民众也不去犯法。等到淳厚的德行衰退,即便没有到风俗败坏的末世,商汤和大禹制定的刑法,都不足以惩治奸邪,用上治理天下的各种大法,都不能制止人们去诉讼,导致穿囚服的人挤满了道路,牢狱多得像市场一样,原来无间隙的法网已有疏漏,繁苛的刑法已不起作用,奸吏主政犹如开市,生杀之权同时使用,可以为之放声痛哭,又何止这样一个开端。相像貌似的充满天地之间,秉受山岳江河灵秀之气,使受体之间相互亲爱恭敬,人们本以自己的身体为重,却被不明的流箭射中、被捕风捉影的事情伤害,环

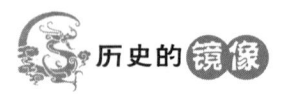

顾四周人们脸色都有忧愁,因为会遭到随意的斩杀,金与木本相克却做起了伙伴,在木质器物上雕刻就是不成,在地上画界限也画不成,如此这样都因畏惧而躲避,却动不动就遭遇祸害而死亡,以仁义治天下的王道实在欠缺,的确原因就在于此,法律出自多门前后不一随意变通,此乃治理国家的最大祸害,生杀出自多头多端多样,谁也无法适应并顺从于这种状况。"这样一位太守办起民众的诉讼案件来,不得心应手才怪呢!

二是惠民护民爱民情结,永记心头。任昉这方面的典型事例不少。当义兴太守时,正赶上荒年,民众流亡很多,任昉便用自己私人俸禄的米和豆,让手下的人熬成粥,供灾民食用,救活了三千多人。当地因贫困有人生下孩子后不养活,任昉便严格下令,宣告再这样做与杀人同罪;对那些怀孕的还供给部分生活费用,受到此类救济的也有几千户之多。任昉每年所得公田俸禄八百多石,他只取回五分之一,其余都送回仓库存放,以备救济民众之用,而妻室儿女只吃粗米饭。当新安太守时,对百姓中八十岁以上的老人,都派户曹掾逐一地去询问他们的衣食住行。新安郡内有蜜岭产杨梅,以前当杨梅成熟后都要派人去给太守采摘,以致岭深路陡时常出事故摔死人。任昉认为这样做太危险,上任后就命令停止为太守上山采摘杨梅,官吏和百姓都认为这是新安郡百余年来没有过的德政。有如此爱民情结的太守,与百姓穿戴无异,没有回避、肃静的大字标牌,更没有刑具随时伺候,

不择地点，不拘形式，同打官司的双方当事人，面对面论短长判是非，即时了结争议平息矛盾，就不足为奇了。

　　三是廉洁为官，堪称楷模。任昉在哪里任职都清正廉洁。"昉不事生产，至乃居无室宅。"任昉离任义兴太守回京任御史中丞，上船时只有七匹布、五石米的家当，回到京城竟没有衣服换，镇军将军沈约只好派人带了裙衫去接他。后来任昉死在新安太守任上，家里只有桃花米二十石，没有钱财来安葬。任昉还留下遗言，不许家人把新安的任何一件东西带回京都，用杂木做棺材，用平时的旧衣服做装殓。郡内的老百姓悲痛万分，在城南给他立了祠堂，每年按时祭祀他。当朝大诗人、藏书家、兰陵太守王僧孺，评价任昉："学问超过董仲舒、扬雄。以他人之乐为乐，他人之忧而忧，其行为可以激励风俗，其品德可以淳厚人伦，能使贪夫不妄取，懦夫有所为。"可以说廉洁清正，是任昉的底色，正是受这个美德的驱使，他才一心为国为民，时时处处为郡内百姓着想，乐于去做那些有利于百姓的事，"就路决焉"既方便百姓告状，又减少诉讼之累，出现在任昉身上就很自然了。

依情据理断疑狱

张希崇是五代后唐、后晋时人,原为儒士,后不得已投笔从戎,任过汝州防御使,灵州两使留后,邠州节度使,多次担当边防方面大员,官至检校太尉即武官的最高荣誉职务,开府仪同三司。《旧五代史·张希崇传》载:"希崇蔚有雄干",即张希崇拥有雄才干略。而本传记载他断案的一个小故事,就是对其"蔚有雄干"的最好诠释。

"在邠州日,有民与郭氏为义子,自孩提以至成人,因愎戾不受训,遣之。郭氏夫妇相次俱死。郭氏有嫡子,已长,时郭氏诸亲与义子相约,云是亲子,欲分其财物,助而讼之,前后数政不能理,遂成疑狱。希崇览其诉,判云:'父在已离,母死不至。正称假子,孤二十年抚养之恩;傥曰亲儿,犯三千条悖逆之罪。颇为伤害名教,安敢理认田园!其生涯并付亲子,所讼人与朋奸者,委法官以律定刑。'闻者服其明。"

说的是,张希崇在邠州做官的时候,有一个人从小送给郭氏夫妇做义子,从孩提一直养大,后来因为他不服长辈管教,被

逐出了家门。郭氏夫妇相继去世后,有一个亲生子这时已长大成人。不知何故,当时郭氏诸亲属们与那个义子串通,说此义子就是郭氏亲生子,诉至官府,要求析分郭氏的家产。前后数任官长都不能决断此纠纷,这件官司就成了疑案。时任后晋邠州刺史的张希崇看了状子,判案说:"父亲在的时候已离开双亲,母亲死时也不回来安葬守丧。如果说是义子,只能算辜负了养父母二十年的养育之恩;如果说是亲生儿子,就更是犯了三千条大逆不道的不孝重罪!对礼教的伤害已经如此严重,怎么还敢来冒领家产!将郭氏的财产全部判归亲生儿子,告状的养子和那些与他勾结的人,都交给法官按律条定罪!"听到这件事的人都佩服张希崇的明察是非。

此案的判词,一直受到后世的推崇。南宋郑克所著的《折狱龟鉴》称,张希崇的判决,"辞理惬当,决断明白",即判辞理由恰如其分,合乎情理,判决断案明明白白。

此案办得好,其原因就在于张希崇能够依法据理,巧断疑狱。在法定继承优先的前提下,拟制血亲关系自古有之,养子和义子虽不能成为宗嗣继承祖业,但却可以与亲生子一样,析分一定的家产。因此这个案件在正常情况下,因郭氏夫妇有亲子,只能以亲子作为宗祧继承人的嗣子,义子如一直生活在郭家,也只有析分部分家产的资格。但由于义子与郭氏诸亲属串通一气,硬说自己是亲子,欲与郭氏的亲生子平起平坐,来析分郭氏的家

产。这在古代尚无亲子鉴定技术的情况下,诉讼双方的证词又相互矛盾对立,对于义子是否为亲生子的问题,确实真假难辨,因此愁坏了前几任刺史大人,案件自然久拖不决成了疑案。张希崇接过案件之后,没有走前几任刺史办案的老路,总是围绕义子是否为亲生子打转转,而是另辟蹊径,通过查清和剖析告状的义子本身的行为过程,然后依法依理依情来分析判断其行为是否正当,是否还具有参与析分家产的资格。这样就巧妙地绕开了义子与亲子的鉴别难题,直接进入到析分家产的实质处理阶段,迅速了结此案也就不足为奇了。

自称亲子的义子的行为过程,当然很容易就查清了,那就是父亲在时他已离开双亲,母亲死时他也没有回来安葬守丧。对这种行为怎么看?首先法律上讲究权利与义务的一致性,没有尽到赡养父母义务的子女,也就丧失了继承父母财产的权利,这是天经地义,无可辩驳的。其次是从情理上看,"孝"的理念在国人的意识中早已相当强烈。《论语》中,孔子更是将"孝"解释为:"生,事之以礼;死,葬之以礼,祭之以礼。"这就表明了孝不仅在于父母的生前,而且亦重于父母的身后。不孝历来是大逆不道之罪。《孝经》载:"子曰:'五刑之属三千,而罪莫大于不孝'。"即孔子说,古代有墨、劓、剕、宫、大辟五种刑罚,而可以判处这五种刑罚的罪大约有三千项,在这三千项罪名中,最大的罪责莫过于对父母的不孝敬。在获得上述认知后,结论自然就

出来了，告状者无论是义子还是亲子，因未尽到孝道的义务，都已丧失了继承与析分家产的权利；如果是亲生子，更是犯了悖逆之罪，将要承担罪责，还岂能继承家产。张希崇对此案这样合法合情合理的判决，能不让人叫绝吗？

看来，办案遇到难题，案件一旦成了老大难，要学学张希崇的思维方式与办案经验，换个角度，迂回包抄，不能陷入那些不可知的难题之中，人云亦云不可自拔，要抓住关节点，选准突破口，把握住基本事实和基本证据，运用法理情综合分析判断，创新思维大胆探索，或许能够化解掉一些积案与难案。是否可行，不妨一试。

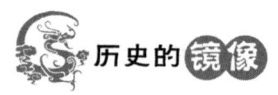

郭躬办案的启示

郭躬，东汉官吏，从小就跟从父亲郭弘钻研法律，青年时期曾经给数百人讲授法律。东汉明帝永平年间，被任命为廷尉正，章帝元和三年（86）升为廷尉。郭躬审理案件，"务在宽平""多依矜恕"，即能够以从宽为主，怜悯宽恕，能判轻刑者绝对不判重刑，反对违反法律滥杀无辜，因而受到皇帝的肯定和百姓的称赞。《后汉书·郭躬传》《折狱龟鉴》等典籍上，记载他办案的几个小故事，读了颇受启发。

一是具体分析，不拘泥于表象。永平年中（67年前后），奉车都尉窦固率兵出击匈奴，骑都尉秦彭做他的副将。秦彭带兵驻扎在另外的地方，有时不经请示就依规杀人，窦固上奏皇帝说秦彭专权，擅自杀人，请求诛杀秦彭。汉明帝于是请公卿朝臣评判秦彭的罪行。郭躬因为通晓法律，也被召来参与评议。朝臣们都赞同窦固的上奏，惟独郭躬说："从法律上看，秦彭该杀那些人。"皇帝说："军队出征，校尉要一律受制于主将。秦彭既没有斧钺，怎么能专权杀人呢？"郭躬回答说："校尉要一律受制于

主将,那是说校尉与主将驻扎在一起,今秦彭另率一支军队驻扎于别处,和这有些不同,军情很紧迫如人的呼吸一般,有时不容许事先禀告主将后再作处置。况且按汉朝制度,棨戟就是斧钺,这样,秦彭的行为在法律上不算有罪。"皇上听从了郭躬的意见。

这个案件,从现象上看,秦彭确实有罪。其一,他不是主将,要受制于主将,凡事尤其是杀人更要向主将请示。其二,他没有斧钺。所谓斧钺是军法用以杀人的斧子,泛指刑戮,是军权的象征,一般为皇帝所授予。谁有斧钺,谁就握有生杀大权;当然没有斧钺,也就意味着没有生杀大权。但郭躬却没有被上述表面现象所迷惑,而是对此案做了深入具体的剖析:副将受制听命于主将,那是指两人同驻一地,而此案中秦彭是率军另驻他处;军情往往紧急,有时来不及请示,驻扎在他处的副将有权处置这些突发情况;有棨戟就等于持有斧钺,这是汉朝法律所规定的。所谓棨戟是有缯衣或油漆的木戟,官吏使用的仪仗,出行时作为前导,驻扎时列于门庭。而秦彭就持有棨戟。如此由表及里,透过现象,看清实质的分析意见,皇帝当然会赞同。

二是注重证据,不凭主观臆断。又有一案,兄弟两人一起杀了人,但罪责不好归到谁的身上。汉明帝认为做兄长的没有尽到管教弟弟的责任,所以判哥哥重刑死罪而免除弟弟死罪。中常侍孙章宣读诏书时,误说两人判的都是重刑死罪。尚书上奏皇帝说孙章假传圣旨,罪当腰斩。皇帝又召见郭躬询问他的看法,郭躬

回答:"孙章应罚金。"皇帝说:"孙章假传诏书杀人,怎么说只罚金呢?"郭躬说:"法律上有故意犯罪和失误犯罪的区别。孙章传达诏书出现错误,事属失误,对失误者法律量刑要轻。"皇帝说:"孙章与囚犯同县,疑他是故意。"郭躬说:"'周道如砥,其直如矢。''君子不逆诈。'君王法天,刑不可以委曲生意。"郭躬引用了儒家经典著作中的话。"周道如砥,其直如矢"出自《诗经·小雅·大东》,是说通往周京的官道平如磨刀石,路面笔直像箭杆。比喻实施刑罚应当如周道似的既宽平且正直,不应峻刻苛严;"君子不逆诈"则出自《论语·宪问》,孔子说,有德行的人不预先怀疑别人欺诈,也不无根据地猜测别人不老实。郭躬引用儒家语言起到了援典以自重的作用,得出结论:君王以天为法,在议罪判刑时,不可以通过主观猜测,任意曲解,牵强附会,作出判断。皇上说:"好。"

这个案件涉及矫制罪,即假托君命行事,汉朝出现的罪名。唐代颜师古解释为"矫,托也,托奉制诏而行之"。用大白话说就是假传圣旨。此罪分三等,矫制大害,处腰斩;矫制害,处弃市;矫制不害,处罚金。"汉律规定,矫制,害者,弃市;不害,罚金四两。"任何犯罪都有故意和过失之分,矫制罪也不例外。确定一个人犯罪的主观状态,要建立在客观事实的基础上,要有证据予以证明,如果没有证据证明是故意犯罪,就只能按过失犯罪来处理。此案中,孙章因一时疏忽读错诏书,显然属于过失行为。但皇帝又怀疑孙章与囚犯是同乡关系，有可能是故意报复陷害。这样的怀疑既不合逻辑，也没有道理，因为是同乡不一定就必然有恩怨。郭躬便依法依儒家经典给予一番解释和批驳，使皇帝欣然接受了不能凭主观臆想，就确定一个人主观故意与否的正确观点。

三是准确把握，不滥施以重刑。郭躬断案，务求宽容公平，审案判刑，大多喜欢同情宽恕。被任命为廷尉后，便写奏章，建议对四十多条量刑过重可以从轻论处的法律条文进行修改。皇上批准后，所涉及的法律条文都得到修改并颁布施行。汉章帝章和元年（87）大赦天下，对在押犯减轻处罚一等，免死罪，也不加鞭答，发配金城守边，但大赦令没有涉及那些在逃犯。郭躬上奏皇帝说："皇上施恩给死囚犯减刑使其戍边，原因是重视人的生命。现在犯了死罪的逃犯总数不下万人，自从大赦天下以来，抓捕逃犯很多，但赦罪的诏书没有涉及这些人，都判了重罪。我私下想皇上福恩应该浩荡宽宏，大赦令之前犯了死罪又在大赦令之后被抓捕的罪犯，都应不判死刑，不如鞭答，发配金城，这样既保全了人命，又有益于边防。"皇帝认为很对，又专门下诏赦免了这部分人的死罪。

郭躬之所以如此办案，与他具有渊博的律学知识分不开。所谓律学，是指根据儒学原则对以律为主的成文法进行讲习、注释的法学，从文字上、逻辑上、法理上，对律文进行阐释，多是以私家形式进行。如西汉的于定国、杜延年，东汉的郭躬、陈宠等人，世

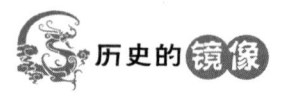

代传习法令，收徒教法。东晋以后，这种私家注释逐渐由官方注释所取代。《郭躬传》载，郭躬"父弘，习小杜律"。"躬少传父业，讲授徒众常数百人。"汉武帝时期担任廷尉、御史大夫的杜周与其子杜延年，都明习法律，并有律学传世，人称杜周的律学为"大杜律"，杜延年的律学为"小杜律"。郭弘研习的就是小杜律，郭躬子传父业，也精通小杜律，对法律有着精湛的理解和深刻的把握，深知维护法律尊严的重要性，所以敢于依据律文而向皇帝直言相谏，甚至于展开多轮辩论，以收到按法断案的最佳效果。

对郭躬断案，史上评价甚高。《后汉书·郭躬传》载："曾子云：'上失其道，民散久矣。如得其情，则哀矜而勿喜。'夫不喜于得情则恕心用，恕心用则可寄枉直矣。""郭躬起自佐史，小大之狱必察焉。原其平刑审断，庶于勿喜者乎？若乃推已以议物，舍状以贪情，法家之能庆延于世，盖由此也！"曾子语出自《论语·子张第十九》，意思是说，在上位的人不依规矩行事，百姓的心早就涣散了；你假若能审出罪犯受屈犯法的真情，就应该可怜、同情他们，不要因为明察而自鸣得意啊。只有做到这一点，才能有宽恕之心，才能公平断案。郭躬就是这样的人，能够设身处地地体谅他人，宽厚仁爱，能够透过事物的现象探求真实的情况，忠诚尽职。南宋郑克所著的《折狱龟鉴》，也将评价郭躬办案的两句话"推已以议物，舍状以探情"，奉为经典，在其他案件中多次引用。

取经典语开譬之

《汉书·循吏传》载,汉宣帝"常称曰:'庶民所以安其田里而亡叹息愁恨之心者,政平讼理也。与我共此者,其唯良二千石乎!'"即汉宣帝常说:"百姓之所以能安居乐业,而无叹息愁恨之心,是因为政治清平、诉讼处理得当,能和我共同做到这一点的,只有靠好的太守啊!"看来,诉讼处理得当,历来是成为循吏的重要标准之一。而好的循吏更是在此基础上,对于一般的民间纠纷,特别是亲人之间的小摩擦,导德齐礼,重于教育、诱导、感化,而不是轻易动起诉讼,担心这样做非但解决不了问题,还会使事情搞得更糟,由小积怨结成大冤仇,发挥教化作用,则大多会"柳暗花明又一村"。《元史·良吏传》中的《周自强传》,就记述了一个这样的好太守。

本传载:周自强任义乌县尹,"民有以争讼诉于庭者,一见即能知其曲直,然未遽加以刑责,必取经典中语,反覆开譬之,令其诵读讲解。若能悔悟首实,则原其罪;若迷谬怙恶不悛,然后绳之以法不少贷。民畏且爱,狱讼顿息"。

说的是，民间有因诉讼争执于官衙的，周自强都能很快就知道其中的是非曲直，却不仓促地对其加以怪罪责罚，而是从经典中找出适当的语言来，反复进行开导劝说，并令诉讼参与者反复诵读，然后再详细地解释其中的要义，以强化记忆加深理解。犯有罪行的，若能悔悟，向官府老实交代犯罪事实，就对其加以原谅；若仍迷惑谬误，不肯悔改，坚持作恶，则决不宽恕，必严惩不贷。对此，民众往往心服口服，民间诉讼得以锐减。

"取经典中语，反复开譬之"，多么好的做法，既温习礼义廉耻，启迪道德良知，又打开思想疙瘩，消除心底隔阂，最后达到和好和谐之目的。周自强何以能做到如此完美？从其传记中，还是可以找到些许答案的。《周自强传》很短，只有三百来个字，但却鲜活地写出了他身上的四个特点：

一是知民情。周自强从小就好学能文，练于吏事，被推举选拔为官后，不论是当义乌县尹、金溪县令，还是江州路总管，都特了解民间的大事小情，对此传记概括为四个字："周知民情。"正因为了解民情，了解百姓，才知道民众喜欢什么、厌恶什么，诉讼之累，历来是民众最头疼的事，如果能很快地轻松地加以化解，当然最符合百姓的利益了。

二是性宽恕。传记载，周自强"性度宽厚，不为刻深"。所谓"刻深"，即苛刻、严酷，周自强没有这个毛病，对待老百姓可谓态度真诚，感情深厚。不像有的郡守那样，仰脸朝天，高高

在上,视百姓为草芥,百姓一旦有点过错,即使算不上什么大事,也要动辄问罪责罚,直至杀头,似乎不狠狠处理,官府和长官就无威风可言,哪里能懂得治理一方土地,"不得已才动之以刑罚"的道理。

三是善说教。周自强刚刚当上小吏,就赶上泰定年间(1324年左右),广西瑶族一些民众反叛朝廷,周自强自告奋勇去见猺族酋首,对其说以祸福,句句中其要害,瑶族酋首立即宣布罢兵,向朝廷进贡地方珍品,交纳税款,并上表请求责罚。一场叛乱,凭周自强的一张嘴巴、一顿说辞,就立马得以平息,善说功夫真是了得。以此本事,办起民间诉讼,说教起当事人来,当然会绰绰有余、"嘴"到擒来了。

四是有智慧。过去由于民间田税之籍多失实,导致差役派遣、徭税征收,总是显得不公平,民众对此怨气很大。周自强下令"履亩核之",重新造册,"文簿井井可考","于是赋役平均,贫富乐业"。周自强听讼决狱,"物无遁情",事物没有隐瞒,手下的恶吏想搞名堂,或想以只语片言欺上瞒下,都不能得逞。"政治大行,声誉籍甚。"

可以说,周自强"取经典中语,反复开譬之"的经验和做法,拿到今天来照样管用照样好使,特别是基层人民法院和人民法官,整天面对老百姓之间发生的大大小小的民事纠纷,有的还是亲属之间的争议事项,如果个个都要正儿八经地开庭审理,别

说法官人手不够,时间会拖得很久,效果也不一定就好。必须加以耐心有效的诉前调解,做强有力的思想开导工作,力争使大量的这类案件得以庭前就化解掉。调解中当然是理要说透、情要讲明、利要掰清。"取经典中语,反复开譬之",晓以大义,启发良知,促进和睦,仍不失为好方法。相信今天的人民法官们,定能创造出比古人周自强更好的经验与成绩来!

裴政推事重证据

推事,既是司法官吏的名称,又特指勘断案件,本文所说的推事系后者。

裴政,是隋朝初期的重臣,官至散骑常侍、左庶子、襄州总管,他审理案件注重证据,论述如何勘断案件的名言,被宋朝人郑克所著的《折狱龟鉴》收录其中,参与修撰的我国封建社会最完善的一部法典——《开皇律》,更是对中国封建社会法制的一大贡献。

先说说裴政推事的故事。

裴政任左庶子后,东宫太子杨勇凡有大事,都交给他处理。右庶子刘荣专横固执。当时因武职人员轮番休息,通事舍人赵元恺奉命写文书,没来得及写成。太子再三催促,刘荣告诉赵元恺说:"你口头陈奏就成,不必写出文书。"等到上奏时,太子问道:"文书在哪里?"赵元恺说:"秉承刘荣的指示,没有写出文书。"太子随即责问刘荣,刘荣却说"没说过这话"。太子把这件事交给裴政推究审问。裴政查清后还没来得及陈奏,有依附刘荣的人

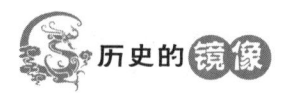

抢先对太子说:"裴政想诬陷刘荣,推究案情不实。"太子召裴政责问,裴政上奏说:"凡推事有两,一察情,一据证,审其曲直,以定是非。"即凡推究事理有两个要点,一是明察实情,二是依据证人证词,辨明事情的实际情况,来判定是非。《折狱龟鉴》"擿奸"篇所选用的就是裴政的上述语言。裴政接着说:"我推断刘荣位高权重,即使对赵元恺说过那样的话,也不过是个小过错,按理说不必隐瞒。赵元恺受刘荣节制,怎敢拿毫无根据的话,胡乱诬陷牵累自己的上司。赵元恺找出掌管宫中禁卫的崔茜等人作证,崔茜等人证实的情况和赵元恺所说完全相符。从情理上既然难分是非,就应当根据证人证言判定。我认为刘荣告诉过赵元恺'不必写出文书',这个情况一定属实。"太子虽然没有治刘荣的罪,却称赞裴政公平正直。

这个案子断得好,就在于裴政察情推理,客观实在,入情入理,毫无牵强附会,捕风捉影;在察情无果的情况下,坚定地以多人的证言为定案的根据。这种办案作风时至今日仍是需要大力倡导的。

裴政执法公正且宽平的事例还有很多。裴政见闻广博,记忆力强,熟悉典章制度,文书案卷堆满桌子,也能迅速作出分析判断,执法宽仁公正,没有量刑过度的情况。有判死刑的囚犯,裴政就准许他的妻子儿女到狱中看望。到冬天将要处决时,犯人们都说:"裴大夫判处我们死刑,我们没有什么遗憾。"裴政为官十

分廉洁，当了襄州总管后，因妻子儿女没有同去襄州，所得俸禄全都分给下属官吏。百姓有犯罪的，裴政都暗中掌握实情，有的一整年也不揭发他们，至于屡次犯罪的，就趁大规模集会时，将他们从众人中召出来，亲自审查核实他们的罪行，有五人被处死，其余的人被流放。对全境的人震动很大，从此有令则行，有禁则止。百姓都将裴政奉为神明。襄州境内竟不设监狱，几乎没有人打官司。

再说说裴政参与制定《开皇律》的事情。

《隋书·裴政传》载："高祖摄政，召（裴政）复本官。开皇元年，转率更令，加位上仪同三司。诏与苏威等修定律令。政采魏、晋刑典，下至齐、梁，沿革轻重，取其折衷。同撰著者十有余人，凡疑滞不通，皆取决于政。"

《隋书·刑法志》又载，开皇三年（583），高祖"又敕苏威、牛弘等，更定新律。除死罪八十一条，流罪一百五十四条，徒杖等千余条，定留唯五百条。凡十二卷。一曰名例，二曰卫禁，三曰职制，四曰户婚，五曰厩库，六曰擅兴，七曰贼盗，八曰斗讼，九曰诈伪，十曰杂律，十一曰捕亡，十二曰断狱。自是刑网简要，疏而不失。于是置律博士弟子员。断决大狱，皆先牒明法，定其罪名，然后依断"。

这两段记载说明，开皇年间，根据皇上诏令，以裴政为主，有十几位官吏参与，修订了共计十二卷、五百条的《开皇律》，

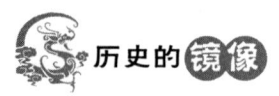

一改南北朝时期法律繁杂，严酷苛刻，死罪林立，百姓深受其害的局面，使刑罚简明宽平，废除了种种酷刑，改以笞、杖、徒、流、死五刑为基本的刑罚手段，其中死刑种类只留斩、绞两种。《开皇律》是古代刑罚从野蛮走向文明的标志性法律，是《唐律》的制定基础，后来又为宋、元、明、清各朝所沿袭。明代大思想家王夫之对裴政的功业做了很高的评价："今元律，其大略皆隋裴政之所定也，政之泽远矣，千余年间，非无暴君酷吏，而不能逞其淫虐，法定故也。"

美酒亦称"顾建康"

自古以来,酒的别称可谓多多,"杜康""曲道人""君子觞""忘忧君""杯中物",等等,足有上百种叫法,翻阅《梁书·顾宪之传》,才知道"顾建康"也是它的别称之一,而且是流行于南北朝南朝刘宋的都城建康,即今南京的一种叫法。

本传载,元徽中年(475),顾宪之被任命为建康令。当时有件积案,有人偷牛,偷的牛被主人认出,偷牛的人也说牛是自己的,两方面的言辞证据都差不多,前两任县令都没能断决这个案子。顾宪之审核案件材料后,对双方说:"用不着多讲,我有解决的办法了。"于是命人把系牛的绳索解开,任牛随便走去,结果牛径直回到原来主人的宅院,偷牛的人见状当即供认了罪行。顾宪之"发奸擿伏,多如此类,时人号曰神明"。对有权有势的人为有罪的人私下请托,对手下官员贪赃残暴,都依法惩治,从不包庇。为人清廉俭朴,勤政奉公,得到民众的拥护。"故京师饮酒者得醇旨,辄号为'顾建康',言醑清且美焉。"即所以京城建康饮酒的人,喝到醇美的好酒,就称其为"顾建康",意思是

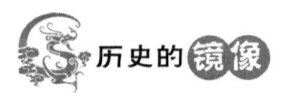

说顾宪之为政如酒色清醇、味道甜美。

进入南齐后,顾宪之又先后被授为衡阳内史、婺州郡守,无论到哪里任职,都心系百姓一心为民,又清廉自律从不营私,保持了"顾建康"醇厚甘美的"好味道"。

在衡阳,顾宪之到任以前,衡阳境内连年发生瘟疫,染病死去的人有一大半,因此棺木价格特别昂贵,于是百姓全都用苇席卷裹死尸丢弃于路旁。顾宪之刚一到任,就分别告诉所属各县,寻找死者的亲属,埋葬死尸。对于那些已经全无亲属的死尸,顾宪之就拿出自己的俸禄,让公府的主簿办理埋葬事宜。衡阳当地还有一民俗,山中百姓如患了病,往往说是先人带来的灾祸,就都去挖开坟墓,打开棺材,用水冲洗死者的尸骨,把这种举动称为"除祟"。顾宪之用道理晓谕百姓,向他们讲清活人与死人的区别,指出疾病并非由死人所引起,当地的这一陋俗也因此得以改变。当时州刺史王奂刚刚到任,只有衡阳一郡没有到刺史府来告状的人,于是王奂感叹地说:"顾宪之的教化算是达到很好的境界了,假如本州所属的九个郡全都这样,那么我还会有什么麻烦事!"

在婺州,当时司徒、竟陵王萧子良,在宣城、临成、定陵三县交界处设屯垦地,划定数百里山泽,禁止百姓进入其中砍柴打猎。顾宪之坚决地陈说不能这样干,言辞恳切而直率。竟陵王萧子良回答他说:"如果不是你,我就无法听到这么恳切的话语。"当即下令解除了禁令,还山林湖泊于老百姓。

顾宪之虽多次出任多地郡守，家里积蓄的米粟却不多，卸任回乡后，居房狭小简陋，经常受冻挨饿。临终前，他还特意立书嘱子女薄葬素祭。可以说，顾宪之直到生命终了，依然保持了淳厚甘美的"好味道"，无愧于老百姓送其"顾建康"的美誉。

俗话说，金碑、银碑，不如老百姓的口碑。所谓口碑就是多数人的评价，一个官员获得大众的认可，才是最重要的，因为口碑足以流传千古。"顾建康"，这个老百姓给予顾宪之的评价和口碑，流传至今已一千五六百年，人们举起酒杯就自然会想起这位为民的好郡守。然而，时至今日，让人困惑的是，某个官员在普通老百姓中间的口碑如何，一般是进入不到对这名官员的考核视线中来的，因为无论是投票、测评还是谈话，往往都是在官员的圈子里进行的，普通老百姓是说不上话的。当然，不同级别的官员，对于被考核对象来说，也是老百姓，也能在一定程度上反映出民意来。但是，这还不够，对于一个地方的主政者、一个部门的主官，考核其德才政绩如何，就应该到其所领导和管辖的广大群众中间去。比如市长如何，就要听听市民怎么说；区长如何，就要听听街道大妈的评价。总之是要认真听听老百姓对他的口碑如何，并把结果作为取舍的重要根据。提出这样的要求，操作起来可能很难，但再难也要试也要做，或选择一定数量的各方代表开座谈会，或直接到某部分基层群众中间去了解情况，因为说到底党和政府的各级官员，都是人民的勤务员与公仆。

这里传播着公平正义

5月18日国际博物馆日前夕,笔者参观了中国法院博物馆。

该馆位于北京市东交民巷原日本正金银行旧址,是一座半圆形红色穹顶、花岗岩台基、外墙红灰相间的两层楼高的西式古典建筑。在正义路口人们一眼就能看到它。它可能是首都最年轻的博物馆,2016年1月6日新馆才正式开馆。也可能是最小的博物馆,占地面积3000多平方米,开放区域约1600平方米。笔者进馆参观时,人数也不多,可以细细看慢慢品,不像在有的大馆老馆,总是有人在后面催促你往前走。然而,在这里却可以实实在在地感受到公平正义的强大力量。

博物馆设有三个基本陈列展厅,六个专题展厅,三个普法互动区,一个法制影视放映厅。第一展厅为中国审判历史展,回顾中国古代司法文明的发展历程;第二展厅为人民审判历程展,展示人民法院建设和审判工作成就;第三展厅为"全面依法治国,走向伟大复兴"主题展,全面展示党的十八大以来人民法院审判工作。专题展厅包括"法律古籍珍品展""正义的审判——审

判日本战犯""外国法院及国际法院掠影"等。普法互动区包括"模拟法庭""知识问答平台""普法活动教室"。法制影视放映厅汇集展示中外法制的影视作品。

透过一件件展品、一幅幅照片、一段段视频,人们在这里,可以追寻灿若星河的中国古代司法文明。中国几千年来律法几经更替,审判机构名称各不相同,秦、汉至北齐以前,最高司法官为廷尉。著名的廷尉有西汉张释之,他的名言"廷尉,天下之平也",即廷尉,是为整个天下持平的。至今仍让人记忆犹新。还有东汉郭躬一家,以传习"小杜律"著称,数世之中,任廷尉者有七人之多,三国曹魏的高柔等。北齐易名为大理寺卿,以大理寺为官署名,从此,自战国以来官署名与官名始分开,后除元代以外,历代沿之。有的朝代还将大理寺与刑部、都察院或御史台合称"三法司",共同行使审判权。清光绪三十二年(1906),大理寺改为大理院,作为最高审判机关,下设刑庭、民庭等机构,长官称大理正卿。北洋政府沿用其名称。南京国民政府时改称为最高法院。

馆存古籍善本2488册,文物2000件,包括代表中国古代法律各时期最高水平的《唐律疏议》《明会典》《大清会典》,以及代表中国古代法医学成就的《洗冤集录》等珍贵古籍实物。《唐律疏议》又名《唐律》《永徽律疏》,其合编本,亦为中国现存最古老、最完整的封建刑事法典,共三十卷。

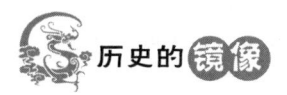

站在册册法典面前,心中的敬意油然而生,中华文明生生不息,从未割断过,法治文化也是一样,历朝历代都十分重视律令的传承、完善与发展。隋朝尽管存续年头很短,但却制定了《开皇律》,可以说展厅里的《唐律》完全是以它为基础制定出来的。《新唐书·刑法志》载:"唐之刑书有四,曰:律、令、格、式。""律之为书,因隋之旧,为十有二篇。"连具体的篇名全都与《开皇律》一模一样,包括刑罚的种类、死刑执行方式,"唐皆因之"。

开皇三年(583),根据隋文帝诏令,以裴政为主,有十几位官吏参与,修订了共计十二卷、五百条的《开皇律》,剔除死罪八十一条,流罪一百五十四条,徒杖等千余条。十二卷分别是:一、名例;二、卫禁;三、职制;四、户婚;五、厩库;六、擅兴;七、贼盗;八、斗讼;九、诈伪;十、杂律;十一、捕亡;十二、断狱。至此刑网简要,疏而不失,一改南北朝时期法律繁杂,严酷苛刻,死罪林立,百姓深受其害的局面,使刑罚简明宽平。废除了种种酷刑,改以笞、杖、徒、流、死五刑为基本的刑罚手段,其中死刑种类只留斩、绞两种。《开皇律》是古代刑罚从野蛮走向文明的标志性法律,后来成为《唐律》的蓝本,又为宋、元、明、清各朝所沿袭。

在第二展厅里,最引人注目的是,中共苏区打响反腐第一枪的案件。1932年2月19日,中华苏维埃共和国中央政府举行会议,

决定组织临时最高法庭,委任何叔衡为最高法庭主审,即首席法官,何叔衡因此成为红色政权的首任"大法官"。

叶坪村苏维埃主席谢步生,是个严重的腐败分子。经过瑞金县苏维埃政府裁判部的审理,认定谢步升的罪状如下:打土豪时吞没公款3000多毛(毫子);强奸妇女,包庇富农,收受贿赂300多块大洋;报私仇杀了谢深润;收买群众的米,用大斗进,小斗出,获利大洋270多块;偷了中央政府管理科的印子,私打牛条过山贩卖,得大洋33元;杀了贺龙、叶挺军队的医官,拿走金戒指2枚等物;以自己的小牛换了送往灾区的大水牛二头;伙同他人抢劫瑞林寨邱姓的布店,他个人得赃款93块大洋;卖自己老婆,得3头黄牛。判决谢步升死刑,并没收他个人的一切财产。

谢步生自认为对革命有功,不服判决提出上诉。1932年5月9日,中华苏维埃共和国临时最高法庭审理谢步升案件,认为瑞金县苏维埃政府裁判部,对谢步升的判决是正确的,决定按照原判决执行。当日下午3点,谢步升被执行死刑。这是党在成立中华苏维埃共和国政府后反腐败的第一枪。谢步升也成为我党在反腐败历史上被枪毙的第一个贪官。

此案说明,我党从红色政权建立伊始,就注意严惩党内腐败分子,在其后的光辉历程中直至今天,对反腐败丝毫没有放松过。展厅一侧的玻璃柜里,有一批特殊的展品。它们是天津、山

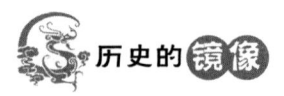

东法院审判大老虎周永康、薄熙来用过的法槌,周永康签字认罪时用过的钢笔,薄熙来戴过的手铐,以及两案判决书原件。这批无声的展品,不正是向世人展现出中华人民共和国和中国共产党坚定反腐败的决心吗?

在第三展厅,映入眼帘的是"全面依法治国,走向伟大复兴"字样。一面巨大的显示屏,滚动展示着湄公河中国船员遇害案、刘汉刘维等人涉黑案、昆明"3·01"暴力恐怖案等,十八大以来我国法院审判的大案要案的情况,凸显"让人民群众在每一个案件中都感受到公平正义"的主题。

现在,这里已经成为中外法院交流的平台。2017年1月18日上午,芬兰最高法院院长蒂莫·埃斯科一行,在志愿者的引导下参观了中国法院博物馆。国内好多政法院校将这里作为教学基地,把"开学第一课"搬进了中国法院博物馆。小学生来到这里,组织以"爱国、崇法、立志"为主题的"天平夏令营"活动。有的小学校还在这里搞起了模拟法庭审判。

相信,传播公平正义的中国法院博物馆,一定会越办越红火的!

"画一之法"不可废

"画一之法",是指全体遵行、无一例外的法令,语出《后汉书·王充王符仲长统列传》后的议论:"平阳循画一之法。"唐代则出了一个强力维护"画一之法"的循吏——韦澳。《旧唐书·韦澳传》有一句话:"出为京兆尹,不避权豪,亦师璟惮。"宋代王说在专门记述唐代史实逸事的《唐语林》卷二中,则详细描述了韦澳维护法典一体遵行的故事。

唐宣宗李忱因为京畿地方很久得不到治理,便任命翰林学士、户部侍郎韦澳为京兆尹。国舅郑光庄园的一名庄吏骄横无比,多年不向官府交税。韦澳将这个庄吏逮捕关押起来。唐宣宗于延英殿召见韦澳询问情况。韦澳将逮捕郑光庄吏的原委全部向唐宣宗陈奏,唐宣宗说:"你怎么处置他?"韦澳回答说:"将依照法律处置。"唐宣宗又说:"郑光特别喜爱这位庄吏,怎么办呀?"韦澳回答说:"陛下从宫禁内廷的翰林院任用我为京兆尹,希望我清除京畿地区多年的积弊;如果郑光的庄吏仗势为非作歹,却能得到宽大免受惩罚,那么陛下所制定的法律,看来只

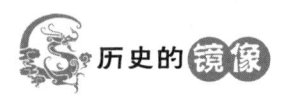

是用来约束平民百姓,我实在是不敢奉陛下的诏命办事。"唐宣宗说:"你说的确实合乎道理,但朕舅舅郑光的面子,不能不顾。你可以狠狠地处罚庄吏,但免他一死,可以吗?"韦澳回答说:"我不敢不听从陛下的当面诏告,请求陛下让我关押那个骄横的庄吏,等他税金交足之后再释放他。"唐宣宗说:"就照你说的办。朕为母舅郑光的缘故阻挠你依法行事,很是惭愧呀。"韦澳回到京兆尹府,即重杖庄吏,又督促他交满数百斛租税后,才将他交还给郑光。

韦澳之所以敢在皇帝面前,一而再、再而三地坚持己见,维护法令的一体遵行,最终还能成功说服皇上,得以严肃执法,惩霸除恶,应该说与他的人品、性格和素质是密不可分的。从本传看,韦澳身上有三个特点:

一是自身正,不"呈身"求官。韦澳早早就考中了进士,然而愣是十年都未能入仕为官。韦澳的叔伯兄弟韦温和御史中丞高元裕是好朋友,一次闲谈中,韦温求高元裕用韦澳为御史。韦温对韦澳说:"你去和高中丞见个面,就可以谋个御史来当了。"韦澳像没听到一样,一点儿反应也没有。韦温郑重其事地说:"高中丞是一个很正直的人,你不应该轻视他。"韦澳回答道:"然恐无呈身御史。"所谓"呈身",指的是自荐求仕。韦澳说,哪有亲自登门、自我推荐成为御史的!为此,韦澳一直没有迈进高家的门槛。人到无求品自高。韦澳耻于自荐求官的背后,是不为外物

所羁绊，不为浮云遮望眼，是一种超然物外的淡然与宁静。后人往往以"昔人耻呈身御史，今岂可呈身相门"来讥讽那些低三下四跑官要官之徒。

二是有见解，看问题深邃。周墀出任郑滑观察使，表举韦澳担任从事。后来，周墀升任宰相，他私下里对韦澳坦言，深感自己才能有限、责任重大，不知韦澳有什么见教。韦澳开出的方子却是"愿公无权足矣"。一句话说得周墀不知所以然。韦澳解释说，封官、奖赏、量刑、惩罚，按照统一的准则去作，不要以自己的喜恶爱憎为转移，让各部寺的官员们各行其职，你就可以整理衣襟安坐在相府之上，天下自然会得到治理，还要握有什么权力呢？周墀拜服韦澳的见解。

韦澳为周墀支招的话语，在后世颇受推崇。《元史·史天泽传》载，史天泽拜相之日，有人劝他"以权自张"，"天泽举唐韦澳告周墀之语曰：'愿相公无权。爵禄刑赏，天子之柄，何以权为！'因以谢之，言者惭服。"凭借于此，史天泽"出入将相五十年，上不疑而下无怨，人以比于郭子仪（唐代）、曹彬（宋代）云"。

三是办法多，曲线进谏有成效。韦澳被提为翰林学士、户部侍郎、兵部侍郎，与同僚萧寘深为唐宣宗所倚重，每遇重大事项无不召见询问。有时，遇有邦国刑政大事，唐宣宗来不及与韦澳面商，便派中使将草词送给韦澳，韦澳凡觉得需要进谏的，便

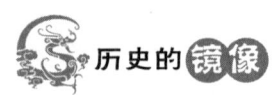

说:"此一事,须见到皇帝的书札或手书,方敢施行。"于是,将草词滞留在自己手中,当夜想好应谏之策,第二天向皇上加以陈述,皇上多收回原旨意而依从韦澳的劝谏意见。韦澳如此睿智,点子多又善于说话,自然懂得如何向皇上进谏才会更有效果了。当然,皇上对韦澳信任有加,又能够纳谏,也是韦澳维护"画一之法"的进谏成功的一个重要因素。

凭借缜密破"鬼"计

近日看了清代袁枚《子不语》中的几篇志怪小说,不仅被曲折情节和流畅文字所打动,更为作者借鬼神怪异故事来讥讽时弊,喻世警世的良苦用心所折服。袁枚是清朝中叶著名文学家,他的书名《子不语》,取用了《论语·述而》"子不语怪、力、乱、神"的典故;他写这部小说集用时四五十年,编定问世后流传极广,堪称清代文言短篇小说中独具风格的佳作。书中有篇"唐公判狱"的故事,浸透出作者主张判案一定要细致精密、谨慎周密才成,决不能凭想象猜测主观臆断,导致张冠李戴草菅人命。

保定府总督唐执玉,审定了一桩杀人案件,证据口供都已齐全,案子已经确定无疑了。一天夜里,唐公秉烛独坐在书房,忽然听见有微弱的哭泣声,好像渐渐走近窗户。他便让小丫鬟出去看看。小丫鬟出门就惊叫一声吓倒在地上。唐公自己打开窗户,看见一全身是血的鬼跪在阶下。在唐公大声呵斥下,那鬼叩头说:"杀我的人是某某,县官却误判为另一人,冤仇未报,不能瞑目。"唐公说:"知道了。"鬼才离去。次日,唐公亲自提问狱

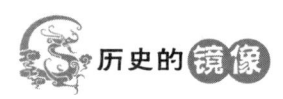

中的那名杀人犯及其有关证人,据众人口供,死者的衣着与所见的鬼完全相符,对夜间那鬼所讲的话更加坚信不疑,于是按照鬼的指控,对案件作了改判。原来的办案官不服改判结果,百般地申辩,唐公却认为"南山可移,此案不动"。唐公的一位幕僚怀疑这案子突然被改判有特殊原因,便来询问唐公,唐公讲了夜里见鬼的详细经过。那位幕僚问:"那天的鬼是从什么地方来的?"唐公回答说:"我看见鬼时,他已跪在阶下。"又问:"鬼从什么地方去的?"唐公答道:"忽然翻墙而去。"幕僚道:"凡鬼,都是有形无质的,如要回去,应当是奄然隐去,不应当翻越围墙。"于是,唐公与幕僚便从那鬼翻墙的地方去搜寻踪迹,虽然上面砖瓦未见碎裂,但新雨下过之后,好几处的房顶上都隐隐有泥迹,直至外边的短墙而下。幕僚指着这些痕迹,对唐公说:"那鬼必是狱中的囚犯买通身手敏捷的强盗所假扮。"唐公沉思以后,恍然大悟,仍按原判定案。

"唐公判狱"表面上看是个闹鬼故事,其实在字里行间透视出办好案件的基本招数,从那个不知姓名的幕僚的所作所为看,就是思维和行为都要无比缜密。具体来讲,一是抓住要害,把握实质;二是勘察踪迹,搜寻证据;三是精当分析,准确定案。

在漫长的封建社会里,由于对科学知识的欠缺,人们对鬼人鬼事有些畏惧,甚至是有所信服,都是可以理解的。对鬼的形态与实质,也都大体上有个一致的看法,那就是所谓的鬼,都是有

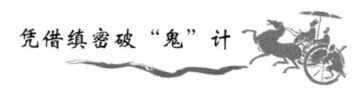

形无质、来无影去无踪的。而唐公所见到的那个鬼,却是有实质形态的,离去时竟能翻墙而过,这就有违人们的认识所能接受的程度了。那位幕僚当然也不会是无神论者,他并不否认鬼的泛泛存在,但却正是盯住了"凡鬼都是有形无质"的这一要害之处,从一开始就高度怀疑那鬼存在的真实性。那位幕僚还懂得,要想让怀疑成为现实,必须有足够的证据支持才成。于是,他细致地从那鬼翻墙处勘察起来,顺着攀爬而留下的泥迹,从一个房顶到另一个房顶,直至勘察到那鬼下到地面为止。这些痕迹足以证明,那鬼不是个鬼,而是个活生生的人。据此,那位幕僚顺理成章地得出结论:所谓的鬼,是一个身手敏捷的高人。那么又是什么人能够驱使这位飞檐走壁的高人来假扮成鬼,为其翻案?当然只有真正的罪犯才肯出钱雇人这样做。如此缜密的思维与行动,还能不还案件以本来的面貌吗?

写到这儿,从心里由衷地敬佩唐公的那位不知名的幕僚,当然唐公能虚心纳谏,知错就改,不固执己见,也是难能可贵的。看来,犯罪案件无论大小、涉及人员多少,都会有其复杂性的,都需要办案人员从危害结果往前推导,一步一步还原和弄清案件事实,并以足够证据来支撑。这就要求办案人员,一定要细心再细心,缜密再缜密,以对法律对人民对历史高度负责的精神,不放过任何蛛丝马迹,查清可能影响定罪量刑的所有细节,力争把每一个案件都办成铁案,坚决防止冤假错案的发生。

明于法理有建树

高柔作为三国时代魏国的重臣,历经太祖、文帝、明帝三代,担任最高执法官——廷尉,职掌刑狱,长达二十多年。他主张仁义宽刑、公正执法,反对歪曲法律,反对严刑重典,反对滥用刑罚,对魏国法制的建立和施行,做出了重大贡献。陈寿在《三国志·高柔传》中评价高柔"处法允当,狱无留滞";"明于法理"。

在《高柔传》里,陈寿不惜笔墨,描绘了高柔亲自办理的一个经典案件。

一日,护军营军士窦礼外出未归,军营中以为他开了小差,上表请求逮捕,并把窦礼的妻子盈以及全家男女抓获,以充当官家的奴隶。窦礼妻子不断地向州府喊冤申诉,但一直没有人理睬。盈就上告到廷尉那里。高柔亲自听盈申诉,问她:"你怎么知道你丈夫不会逃走?"盈哭道:"我丈夫小时候孤单一人,奉养一位老妈妈当母亲,伺候她很恭敬小心,他又疼爱子女,抚育关怀没有离开过,他不是那种轻薄浮华、不顾家室妻小的人。"

高柔又问:"你丈夫与别人有过仇恨吗?"盈回答:"我丈夫为人善良,从没跟人有仇怨。"高柔再问:"你丈夫没跟人有钱物上的交往吗?"盈答道:"曾经借钱给同营军士焦子文,多次向他索要,他不肯归还。"当时焦子文因犯小罪被关在监狱中,高柔便去审问焦子文。说话之间,高柔突然问道:"你曾借过人家的钱吗?"焦子文回答:"我孤单贫穷,从来不敢借人家的钱。"高柔见他神态有异,便直接问道:"你曾借过窦礼的钱,为什么说不曾借过呢?"焦子文感到奇怪,知道事已败露,回答时更是语无伦次,前后矛盾。高柔道:"你已经杀了窦礼,早早伏罪吧。"焦子文连忙叩头,完全招认了杀害窦礼经过和埋尸地点。高柔派吏卒根据焦子文的交代地点,找到了窦礼的尸体。所谓窦礼逃跑一案,终于得以大白天下。皇上下诏书恢复窦礼妻子及家人为平民,并发布文告,要求官员以窦礼一案为借鉴,处理案件都要像高柔那样尽职细心。

身为魏国大执法官的高柔,竟然直接受理妇道人家的申诉,并且尽心尽力经办到底,其敬业态度、爱民护民精神、精湛的审问技巧,着实令人敬佩。高柔之所以能做到这样,与他对法律实质的深刻理解是分不开的。

当时,在皇家禁地射鹿的人都要被重罚,家产没收充公,对能够告发的人则给予重奖。有个宜阳典农校尉刘龟,私自在禁苑内射兔,他的功曹张京便到校事那里去告发,校事也立即向魏明

帝曹叡"刺举"。曹叡故意隐匿告密者的名字,把刘龟逮捕入狱。高柔上表请求公开告密者的名字,曹叡大怒说:"刘龟当死,乃敢猎吾禁地。送龟廷尉,廷尉便当考掠,何复请告者主名,吾岂妄收龟邪?"高柔说:"廷尉,天下之平也,安得以至尊喜怒而毁法乎?"就是说,廷尉,是天下公正的司法官,怎能够因为皇上的喜怒而破坏法律的程序呢?应该说,在这件事情上,张京的告发并没有错,但需要到执法部门那里去告,不应向校事告,他这样做,无非想攀附巴结校事,为其提供整人的炮弹。因为当时负责窥察群臣微小过失的校事,权大无比作威作福,讨好校事以求自保,则成了一些心术不正之徒的喜好。此风不可长,张京也应得到适当惩罚。由于高柔的坚持,曹叡也醒悟了,将告密者的名字公开。高柔即刻升堂审问,使两人都受到应有惩处。"廷尉,天下之平也"本是汉文帝时廷尉张释之的名言,高柔顺嘴就能说出来,说明他对此语的感悟至深。高柔正是延续和继承了张释之的上述思想,掌起刑狱断案来,才柔韧有余、严宽得当,推崇仁义执法,也敢于与皇帝争辩,坚持天下施行一部法律。

反对株连无辜和滥用重典,也是高柔担任执法职务以来一直所坚持的。早在高柔担任主管刑法的丞相理曹掾时,军中有一个叫宋金的鼓吹手与别人在合肥叛逃了。按照旧法,军队出征时,士卒逃亡,要处死他的妻子和子女。曹操还怕逃兵屡禁不绝,要再加重刑罚。宋金的母亲、妻子和两个弟弟,都被抓到官府中服

役,主管这件事的人上奏,按照法律要将他们全部杀掉。高柔启奏说:"士卒逃离军队,实在是可恨,然而我私下里听说逃跑的士卒中也时常有后悔的,我认为应该宽恕他们的妻子子女。这样做,第一可使敌人不信任他们,第二可以使逃亡的士卒产生归还之心。如果按照原来的旧法,本来就已经断绝了他们归还的愿望,假如再加重处罚,恐怕现在正在从军的士卒,见一人逃亡,怕自己也被株连,也跟着一起逃走,以免遭到杀害。这说明加重刑罚是不能制止士卒逃亡的,反而会使叛逃士卒的数量更增加了。"曹操听后说:"说得好。"当即停止了行刑,不杀宋金的妻子、母亲和弟弟,因此而得以活命的人很多很多。此后,曹操不但放弃了要加重对逃跑士兵处罚之念,还由此修改减轻了原有的处罚规定。

高柔任廷尉后,这样的事例也不少。按照丧制规定,官吏遭父母之丧,一百天之后就要返回供职。司徒府官吏解弘,遭父亲之丧,百日后遇到军事行动,接到命令应当随军行动,但他以身患疾病推辞。魏明帝下诏怒曰:"你不是像曾参、闵子骞那样的至孝之人,怎么会说因为居丧过于哀伤,以致身体患病呢?"催促廷尉将其逮捕拷打致死。高柔见解弘身体的确非常消瘦虚弱,就上奏给明帝,讲明实情,认为应该予以宽恕。于是,明帝便下诏说:"解弘真是个孝子啊,赦免他吧!"

实践证明,一个好的执法者,必须明晓法理,精通法律,对

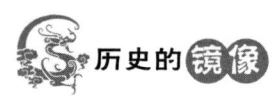

法的本质理解透彻,对浩如烟海的法律条文运用恰当,只有如此,办起案来才会举重若轻得心应手,尽显公平正义,造福国家百姓。古今中外,概莫能外。

民众眼中的"鲁铁面"

"鲁铁面",是民众给予鲁穆的赞誉。《明史·鲁穆传》载,鲁穆,于宣德年间升任福建佥事(按察使的属官,相当于副职),"理冤滥,摧豪强",接连办了两起案件,立马获得民众的交口称赞。

有一个泉州人李某,调动官职赴广西上任,他的姻亲富人林某,派遣仆人在途中用毒酒把李毒死了,并霸占了李妻。李家族人到官府告状,衙门收受了林某的贿赂,竟判告状的李家族人有罪,把其关进监狱,时间已经很久。鲁穆明察暗访,弄清了真相,立即把杀人夺妻的罪犯林某逮捕归案,判罪正法。

漳县人周允文没有子嗣,便过继一个侄子为后,晚年妾生了一个儿子,周允文把家产分了一份给侄子,并嘱托他照料妾生的小儿子。后来周允文去世了,侄子便说小儿并不是叔叔骨血,把其赶出家门,夺取了全部家财。妾于是到官府告状。鲁穆召集县中父老及周氏宗族,预先把妾生小儿和一群儿童混在一起,然后叫大家辨认,大家都指认出这个小儿同周允文相像,于是判侄子

把夺取的家产归还给周妾。从此,民众都称鲁穆为"鲁铁面"。

鲁穆入仕先为御史,最后官至右佥都御史(略低于右副都御史),包括在福建任佥事,都是干监察性质的活,负责监察朝廷、诸侯官吏。从百姓送其"鲁铁面"的美誉看,鲁穆是相当称职的。本传载,鲁穆为官有三个特点:

一是执法不惧权贵。鲁穆刚当上御史,就屡屡向监国的太子朱高炽,举报和弹劾汉王朱高煦,纵容手下官校的违法行径。汉王朱高煦是明成祖朱棣之子,勇力过人,在靖难之役中立过战功,颇受朱棣宠爱。当然,这个汉王也是被称为中国历史上最擅长作死的人,活生生地将自己从皇位候选人之一,作成了藩王,又作成了叛逆、囚徒,最后被处死。而鲁穆上奏章弹劾之时,汉王朱高煦正如日中天。结果,监国的太子朱高炽,都不敢将鲁穆的奏章上报给皇帝。但鲁穆刚直的名声却由此震动了朝廷。到福建任职,鲁穆又依法惩治了杨荣的家人。杨荣官至文渊阁大学士、翰林侍读,是明成祖的首辅,主持国政,直至明英宗继位,仍居于首辅之位。当时,杨府的家人犯了法,鲁穆依法治罪,一点儿也不宽恕。杨荣却据此称赞鲁穆正直贤能,把他推荐给朝廷,明英宗立即将鲁穆升为右佥都御史。

二是清贫廉洁干净。鲁穆小时在家中,布衣素食,从不入州府之门。将要以进士身份进京选授官职,州府官吏送给他路费和物品,鲁穆说:"我将要入仕,还没有为众人谋利,竟先危害州里吗？"一概不予接受。以后不论在哪里任职，都清廉自守。等到鲁穆入朝任右佥都御史时，随车行装只有一包衣服。鲁穆的好友，也是负责营建北京宫殿的工部尚书吴中，实在看不过去，便送给他一些器物用品，他不接受。后来鲁穆病逝，因家里太穷，还是吴中替其家人购置棺木寿衣，才使出殡下葬较为顺利。

三是教子颇有成效。本传称，鲁穆之子鲁崇志，"廉直有父风"。成化九年（1473），鲁崇志升任应天府尹，大力赈灾救民，打击不法豪强，拒纳一切贿赂，"以公廉自持，虽一介不苟取予"。即以公正廉洁严格自律，从未为自己谋取过一点儿的私利。鲁崇志九年任满，朝廷本打算将其调任，应天百姓万人苦苦挽留，遂将他的品级升为正二品，继续留任。次年，鲁崇志死于任上，南京全市罢市三天，为其送葬。明宪宗派遣专使为他营葬，命地方官每年祭祀。

"鲁铁面"何以铸成？说来其实也很简单，心底无私无欲即可。一个今天想发大财，明天又想升大官，整天奢靡浑浑噩噩之人，是无论如何也成不了铁面的，只能是泥捏面、软柿子而已。愿当今肩负"御史"职责的公职人员们，多涌现出一些"鲁铁面"式的人物，让那些大小蛀虫老虎苍蝇，无论背景有多硬多复杂，统统原形毕露无以藏身，那无疑是党、国家和人民之幸事。

借助常识断牛案

宋代郑克《折狱龟鉴》卷六《摘奸》,记载于仲文断案的一个故事,读后给人以很大启示。在故事末了,郑克还写道"此亦用摘奸之术者也"。所谓"摘奸",指的是使用一定的手段,揭露隐秘的奸人与坏事。

后周于仲文任安固太守。当时有任、杜两家各丢失一头牛,后来只找到了一头牛,而两家人都前来争着认领这头牛,州郡长官很长时间也没能解决这一纠纷。益州长史韩伯峻说:"于仲文年少时就聪于判察,可以让他来解决这个问题。"于仲文说:"此案极易解决。"于是,就命任、杜两家各驱赶自家的牛群来,然后把两家都认领的那头牛放出去,那头牛便径直向任家的牛群中走去。于仲文又叫人故意对那头牛造成微小的伤害,任家人看到后嗟叹而惋惜,可杜家的人如同什么事没发生似的。见状,于仲文训斥谴责了杜家人,杜家人认错伏罪而去。老百姓纷纷称赞说:"明断无双有于公。"

其实,上述案件看似简单,实则很是复杂,因为争议的双方

都坚持牛是自家的,且都拿不出像样的证据来,牛又不能张口发声,更搞不了什么基因测试,牛到底该判归给谁,真是难以搞清楚下结论。以前的州郡长官长时间不能解决此案,就说明了这一点。然而,官司到了于仲文手里,则迅速地解决了。仔细分析不难看出,于仲文办结此案,无非是借助于生活经验的积累和对人之常情的熟悉这两张牌。

家牛是一种具有一定社会性的群居动物,它们通常喜欢以集体形式进行进食、休息等活动,个体之间也会通过动作行为与声音进行交流,如用头部相互顶撞、舔舐对方的身体等。牛犊出生后数月就开始学习这种交流过程。牛具有上述习性,应该说既是书本知识也是生活常识,然而非养牛者且平素不注意观察和积累的人,也不是轻易就能获得的。于仲文对此显然是一清二楚的,他相信牛会自己走向自家的牛群的,而不听命于任何人的摆布。

而"谁不心痛自家的娃","谁不爱惜自家的东西",更是人之常情。于仲文在牛已经自己走入自家的牛群后,为了进一步验证之前判断的准确性,故意叫人对牛加以轻微的伤害,以观察争议双方的反应,他认为牛的真正主人一定会很心痛,而牛的假主人则会满不在乎。结果任、杜两家人的不同表现,更印证了于仲文此前的判断。

古代官吏借助人之常情来推理办案的很多,都蛮有成效。郑克在记述于仲文的事情之前,还写了一件事。汉代颍川有兄弟俩

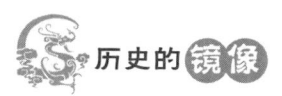

同居,妯娌俩同时怀孕,兄妻胎死腹中,弟妻生下一子,兄妻将弟子夺为己有,兄弟俩争子三年未果。郡守黄霸叫人将幼儿抱于庭中,令俩妯娌竞跑争抢。兄妻不管不顾,夺之甚猛,弟妻恐有所伤,情极凄怆。黄霸见状立判幼子归还弟妻,兄妻则伏罪。

如此涉及生活常识,又有人之常情,都紧紧地裹在一块,生活和阅历的积累不够厚实、分析和判断的能力不强,是万万不能迅速了结此争议的。翻翻《隋书》和《北史》的《于仲文传》,就清楚于仲文为什么能够干净利索地了结此案。

一是学业扎实,学识渊博。于仲文"少聪敏,髫龀就学,耽阅不倦""仲文博涉书记,以英略自许"。于仲文从小就聪明机灵,很小上学,就沉溺书中而不知疲倦。他父亲、北周大左辅于寔感到很奇异,说:"这孩子肯定会振兴我们于家的。"后来于仲文又跟从博士李祥学习《周易》《三礼》,略知大义。"倜傥有大志,气调英拔,当时号为名公子。"二是善于归纳,敏于抽象。还是在于仲文九岁的时候,西魏大丞相宇文泰就曾问过他:"闻儿好读书,书有何事?"于仲文回答说:"资父事君,忠孝而已。"即帮助父亲,侍奉君王,只有忠孝而已。宇文泰听后甚是惊叹,认为于仲文已得书中要义,年纪轻轻能有如此归纳概括能力,且又言简意赅,对其异常赞赏。三是勇于担当,敢于碰硬。始州刺史屈突尚,是宇文护的党羽,已经犯罪而被关在狱中,但一直没有人敢将他绳之以法。因为宇文护是北周权臣,大权在握,专断

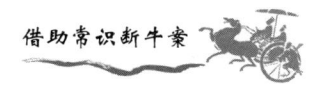

国政，人皆避之。于仲文到达始州上任后，很快就追究了这一案件，将屈突尚予以法办。蜀中民众又有语赞曰："不避强御有次武（于仲文，字次武）。"

执行到位堪称典范

笔者工作期间曾分管执行工作多年，虽自认不曾懈怠，但也常为"执行难"所困扰。近日参观陕西蒲城县博物馆，看到一块名叫"齐三贵家业地亩记"的石碑，也称"清官碑"，读罢碑文，深为立碑人——清代道光年间的蒲城县知县蔡信芳的公正办案，公示判决，巧妙执行，负责到底的精神所折服。今天来弘扬蔡知县的这种精神，定能有助于"执行难"问题的破解。

石碑是清道光七年（1827）刻制的，碑文由蔡信芳知县所写，碑身高一百五十厘米，宽六十厘米，厚十五厘米。正面记述了当时一件财产纠纷审理经过，背面刻写着所置地亩的方位、数量及所用的银两。碑文大意是：本县苏坊乡村民齐佐清夫妇，家中有一叔母陈氏及一个年仅三岁的养子齐三贵。齐佐清出资与人合伙经商，颇有盈利。道光三年（1823）齐佐清夫妇相继死亡，其他合伙者见利忘义，吞没了全部财产。道光四年（1824），齐陈氏将此事上告县衙，经过一年多的调查审理，于道光五年将此案审理终结。共追回白银一千零九十两。这时齐陈氏又因病亡

故,齐三贵年尚幼小,乡里亲朋都眼看着这宗银子,不知怎样发落。进士出身的知县蔡信芳,是个有操守的廉洁清官,他并不因原告已死、继承人年幼而中饱私囊。他在碑文中明白地记叙了对本案的处理结果:"利之所在,人所必争。且恐余一旦离去,其退回银两只见其入,不见其出,余何以对百姓后世。今勒令该乡约(一个乡的首领)及其亲族,将银如数全部领去,置买田产。并将所置地亩若干、用银若干、坐落何方,勒之于石,书之于券。此石即磨,此券不朽。他日齐三贵长大成人,继承家业,可无冻馁(受冻挨饿)之虑也,是为记。"

从上述碑文,结合蒲城县志的记载,可以看出,作为知县的蔡信芳,一是为官清廉,颇有善政。他于道光四年(1824)五月任知县,重土爱民,频出善政。具体说到上述案件,他立碑刻文,也是向治下的官吏、民众说清楚,办案所追缴的大额银两,并没有因受益人年幼无法交付,而心生邪念贪为己有。他在后来离任返回故乡时,曾写有一首《罢郡》诗:"罢郡轻舟回江南,不带关中一点棉。回看群黎终有愧,长亭一别心黯然。"这几句诗,是一种宣言,更是其自身廉洁从政的真实写照,读了让人感慨不已。二是办案公道,主持正义。可以想象,此案中原告一方齐陈氏系寡母幼儿,被告一方则是利欲熏心的一伙商人,能力能量对比相差悬殊。蔡信芳知县却力排各方干扰,细心调查取证,终于经一年多的艰苦工作和审理,做出公正判决,还弱势一方的

原告以公道。三是周到细致,完美执行。对上述案件,蔡信芳知县并没有做出公正判决就了事,而是从此案的特殊性出发,即受益人未成年,而所得资金数额又过大,处理不好极易产生变数,使公正判决得不到顺利执行,流于空判,采取了两项非常措施:一方面将幼儿应得资金全部交由乡的首领及亲族,置办田产予以经营,待幼儿长大成人后再予以继承;一方面又将上述情况刻之于石,立成石碑,既明文记载又公之于众,防止日久生变,受益人无法得到这笔财产。

在中国历史上,为一件民事案件能顺利执行而刻碑明志的,似乎并不多见。蔡信芳知县的做法,堪称执行的典范。在强调"法官应在职责范围内对办案质量终身负责"的情况下,广大法官尤其是执行人员,都应该读一读蔡信芳知县所立的石碑碑文,认真思考一下自己所办理的民事案件,在做出公正判决后,是否都能顺利得到执行,在尚未得到顺利执行的那部分案件中,有没有因为自己未做到细心周到、竭尽全力而导致的,以便总结经验吸取教训改进工作。看来,借鉴蔡信芳知县的经验,要顺利执行案件,没有别的什么良策妙方,必须细心再细心、周到再周到,从案件的实际情况出发,千方百计地设计出最佳方案,以确保判决结果能够落地落到实处。

为民的好官就是这样"任性"

杨继宗是明朝中叶清官里的佼佼者。《明史·杨继宗传》载:"宪宗问直:'朝觐官孰廉?'直对曰:'天下不爱钱者,惟杨继宗一人耳。'"说的是,杨继宗进京朝见皇帝,明宪宗朱见深问执掌大权的太监汪直:"朝觐的官员中谁廉洁?"汪直回答说:"天下不爱钱的,只有杨继宗一个人。"杨继宗任过嘉兴知府、湖广按察使等职,在哪都做得很出色,也很有特点,用今天的话来说就是"任性":

一是廉洁简从。杨继宗无论是到哪里上任,都仅带一个仆人跟随,离任时不带走衙门里的任何东西,仍然是一个仆人、几卷书而已。一次,朝中御史孔儒,来嘉兴清理军籍事宜,在办案中受到过杨继宗的批评,便怀恨在心,趁杨继宗不在之机,突然闯入杨的住所,打开杨的私人箱子察看,发现里面只有几件旧衣服,只得惭愧离去。《杨继宗传》载:"迁湖广按察使。既至,命汲水百斛,洗涤厅事而后视事,曰:'吾以除秽也。'"说的是,杨继宗每到一地上任后,都先让人打来上百斛水,把厅衙冲洗一

番,然后才开始处理事务,他说:"我这是要清除污秽。"

二是敢顶索贿。《杨继宗传》载:"中官过者,继宗遗以菱芡、历书。中官索钱,继宗即发牒取库金,曰:'金具在,与我印券。'中官咋舌不敢受。"说的是,杨继宗在嘉兴任知府期间,曾有朝廷的宦官前来,杨只是礼节性地送些菱角等当地的土特产,宦官不满意向杨索要金钱。杨当即叫人打开官仓,取出库金给宦官送去,然后要求宦官写收条按手印,吓得宦官直咋舌头而不敢接受。连皇帝身边的宦官来索贿也敢顶回去,杨继宗的"任性"可是出了名,从此"人莫敢犯"。

三是诚心为民。《杨继宗传》载:"时时集父老问疾苦,为祛除之。大兴社学,民间子弟八岁不就学者,罚其父兄。"说的是,杨继宗经常召集乡间父老问疾问苦,尽力帮助他们排忧解难,大力兴办学校,民间子弟年满八岁不去就学,则要处罚他们的父兄。本传又载:"御史孔儒清军,里老多挞死。继宗榜曰:'御史杖人至死者,诣府报名。'儒怒。继宗入见曰:'为治有体。公但剔奸弊,劝惩官吏。若比户稽核,则有司事,非宪体也。'"说的是,御史孔儒来嘉兴清理军籍,有些老人竟被他鞭打致死。杨继宗张榜告示说:"有被御史杖责致死的,可来府衙告状。"孔儒十分恼怒。杨继宗拜见他说:"为治之道有一定规矩,您只管剔除奸弊,劝诫惩办官吏。至于挨家挨户稽查考核,则是我地方官府的事,不是你朝廷御史的管辖范围。"孔儒自知理亏,只好罢手。

四是勇于担当。《杨继宗传》载:"为浙江按察时,仓官十余人坐缺粮系狱,至鬻子女以偿。继宗欲宽之而无由。一日,送月俸至,命量之,则溢原数。较他司亦然。因悟仓吏缺粮之由,将具实以闻。众惧,请于继宗,愿捐俸代偿。由是十人者获释。"说的是,杨继宗任浙江按察使时,管仓库的十余名小吏,因库粮短少被关在狱中,以至于卖掉子女来赔偿。杨继宗想从宽处理他们,却没有理由。有一天,下属送来杨的月俸银,他让人称量一下,发现超出了原数,再量别的官吏俸银,也都如此,因此悟出了仓库少粮是因为被盗卖多发官员俸银所致,他准备查实严厉处罚。作弊的官员们惶恐不安,纷纷请求杨继宗,甘愿捐出俸银代替仓吏赔偿以补齐库粮。十余名仓吏因此得以获释。本传又载:"以佥都御史巡抚云南。三司多旧僚,相见欢然。既而出位揖之曰:'明日有公事,诸君幸相谅。'遂劾罢不职者八人。"说的是,杨继宗以佥都御史身份巡抚云南,当地官衙中有许多杨的旧日同僚,大家相见十分高兴。杨离开前向诸位僚友揖礼说:"明天要办公事,望诸君能给予谅解。"第二天就弹劾罢免不称职的同僚八人。

五是独处有礼。杨继宗极力维持风纪节操,上官衙穿官服,回家也穿戴整齐,时时处处依礼而行。任知府时,谒见上司一定要身着朝服,入京朝觐吏部时也是如此。有人说不用这样一本正经,杨继宗笑道:"这是朝廷的法服,此时不穿,将在什么时候

穿呢?"

相信看了上述文字的朋友们,都会为杨继宗的"任性"点赞。杨继宗足以成为现今领导干部的榜样,当然也是值得法官们去学习和效法的。他的廉洁、为民、耿直、担当的精神和品格,都是当今法官不可或缺的必备素质。人民法官为人民,这是法官的本质所在,离开了为民,还要法官有何用?法官没有刚直不阿的劲头,又怎么能坚持依法办案?勇于担当,更是办理一案就要负责到底的胆识支撑。而廉洁自律是所有这些美德的基座,基座不牢,一切全垮。清白做人、廉洁办案,既是法官的底线,又是法官的生命线,舍此何谈公开公正公平断案。既然选择了法官的职业,就要安于清贫,安于寂寞,安于吃苦,千万不能只贪恋法官闪亮的牌子,却不认真履行为人民服务的职责。法官若突破了廉洁的底线,钻进钱眼儿里,就会驶入邪路。因此,法官要时时处处把廉洁记在心头,落实到所办理的每一个案件中。作为法院,要两手抓,经常开展廉洁办案方面的教育活动,随时给法官们提个醒,发现违法违纪的人和事,要严肃处理,绝不姑息迁就。这或许是杨继宗以廉洁品格为牵引,继而养成诸多优秀品格所给予的启示吧。

心中一定要有敬畏

全国"两会"期间,中央领导同志参加江苏省代表团审议时讲,公务人员和领导干部,心中要有敬畏,要守得住底线。同样道理,法院的法官们,手握审判大权,时刻都面临廉洁办案的考验,心中更要有所敬畏,要经常提醒自己:耐得住寂寞,守得住底线。

所谓敬畏,其实就是严肃认真,小心谨慎,防止出错。说得文一点儿,敬畏又是面对一切神圣事物时,所产生的带有恐惧和尊重的一种情绪。比如人在浩瀚的宇宙面前,都会感到自己的渺小,便不能不对宇宙产生敬畏之心。否则就是狂妄,就是无知与愚蠢。人不能没有敬畏,试想对什么都满不在乎,整天大大咧咧,行为马虎草率,能干成事吗?更有甚者无所畏惧,随心所欲,放肆胡来,早晚会变成社会渣滓。公务人员一旦失去了对组织的敬畏感,就会失去对组织的尊重,进而放弃职守,亵渎职务。可以说那些贪腐官员,多是敬畏缺失所致。当然,公务人员由于职业要求有所不同,敬畏的对象也有所区别。法官,要敬畏

的起码应包括：审判员是人大任命的，神圣的审判权力是人民给的，要时刻想到自己是人民的勤务员，要努力为人民多办案办好案，敬畏权力；法律是准绳是天平，更是一把尺子，既以它为依据来衡量所办理的案件，更要用它来匡正和约束自己的行为，敬畏法律；程序是公正公平的前提，要一丝不苟，严格执行，敬畏程序；人民的评价，大众的呼声，就是常讲的"人言可畏"，敬畏人民；对伸手被捉的那些反面典型与案例，要记住做到警钟长鸣，时刻保持高度警觉，敬畏教训；对史上廉吏也要给予足够的崇拜，以求学习效法，发扬光大他们的美德，敬畏前贤。被誉为"室书'四知'，黎庶扳辕共挽"的南北朝时西魏北周的申徽，就足以让人佩服和崇敬。

据《北史》和《周书》的《申徽传》记载，申徽一生勤勉为政，事必躬亲，官至右仆射、骠骑大将军、开府仪同三司，卒于隋朝建立前夕。申徽曾一度离京，出任泛荆州地区的襄州刺史。这一地区原属南朝，刚刚归附北周，按旧日风俗，官员们相互交往都要馈赠钱财。申徽廉洁谨慎，于是就画了汉代廉吏、丞相杨震的像，并书写"四知"条幅，挂在自己的寝室，来自我告诫，并警示他人勿来送礼。等到申徽被征调回京，老百姓和官吏送他的人，延续几十里不绝。申徽自以为对百姓没有什么恩德，内心感到惭愧，于是写了一首小诗，题在清水亭上。不管老人少年，听说这事，都争着前来阅读，互相称赞说"这是申使君的手迹"。

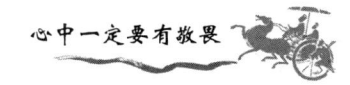

纷纷抄写吟诵这首诗。可惜，史书没有录下这首小诗，否则定会是很感人的，不然怎么会有那么多的"粉丝"？西魏、北周虽属于鲜卑族建立的政权，但统治者推行汉化改革，倡导发展儒学，促进民族融合，想必官场人士，对闻名天下的"四知先生"杨震的故事，都了如指掌。当年杨震赴荆州上任，途经昌邑小城，县令王密夜里怀揣十斤黄金来送给杨震，并说："暮夜无知者。"杨震说："天知，神知，我知，子知，何谓无知？"王密惭愧而退。申徽所去的襄州，官员之间交往讲究送钱送财，用现在的话说大环境不够好，虽然史书没有写，估计申徽对此也改变不了多少，但他自己却做到了清廉如玉，洁身自好。可见"四知"足畏，足以警诫自己，足以震慑贪吏。

当今的法官们要常怀敬畏之心，去工作去办案去生活，这样做实质上也是敬畏自身，这样才能实现自身的价值。要使敬畏扎根在心头，就要选准适合警戒自己的对象，辅以必要的形式，类似申徽画杨震像、书"四知"字，挂在寝室，使之能看得见摸得着，随时对比对照扪心自问，排除杂念净化心灵，自觉践行对法官廉洁办案方面的各项要求，严格遵守《法官行为规范》，确保落实"五个严禁"的规定不走样，远离权钱交易、以权谋私，当事人的钱物馈赠一概不受，请吃请喝的邀请予以回绝，不该去的娱乐场合坚决不去，认认真真办案，干干净净做人。听说有个法院的一位领导，写了篇论述历史上若干廉洁官吏的稿子，发表在

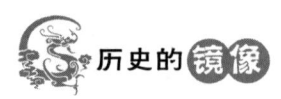

有关报刊上,结果与他打交道的当事人,私下都议论说,可不能给这个人送礼,他是地道的"一本正"。看来以文铭志,也是对自己对他人的一种警诫和宣示,似乎还挺有效。只要心存敬畏,肯动脑子,真心想做,还会有很多方法可用管用。心中有敬畏的法官多了,才能永葆人民法院为人民的本色;这样的法官,也必然会成为被人们所崇敬的对象。

功成不居诚可贵

钱若水，是宋朝的一位重臣，官至右谏议大夫同知枢密院事（枢密院的副职）。宋代枢密院掌军令，与掌政令的中书门下号为"二府"，可见钱若水官职不低。《宋史·钱若水传》，称其"有器识，能断大事""雅善谈论，尤轻财好施。所至推诚待物，委任僚佐，总其纲领，无不称治""机鉴明敏，儒而知兵"。可见史上对钱若水评价不低。本文不去全面评论钱若水，只说说他刚入仕担任同州观察推官（主管复核审问刑狱案件），昭雪一起冤案、有功弗居的故事。

《宋史》本传，没有记载此案，只写了一句话：钱若水"释褐（脱去平民衣服，比喻始任官职）同州观察推官，听决明允，郡治赖之"。而《折狱龟鉴·释怨下》"钱若水"篇，则完整地记述了这一案件：

钱若水担任同州推官，有个富民家的小女奴逃跑了，不知道逃到哪里去了。女奴的父母告到州里，知州命录事参军（州里掌管文书的官吏）审问这件案子。这名录事曾向富民借钱没借

到，于是就审决富民父子数人共同杀死了女奴，富民受不了鞭杖拷打的酷刑而含冤认罪。录事呈报知州，知州等人复审后都认为此案可以定案。只有钱若水怀疑这个案子的真实性，便压下了这个案件，好几天都没有决断。压下案子将近十天了，知州多次催促也没有结果，州里大小官员都感到奇怪。有一天，钱若水去见知州，屏去他人后对知州说："若水拖延此案的原因，是我在秘密派人寻找女奴，现在找到了。"知州叫人找来女奴的父母，经辨认确系自己女儿，于是带来富民父子，全部卸下枷锁立即释放了他们。富民父子哭着不肯走，说："如果没有您的恩赐，我们一家就要全完了。"知州说："这是钱若水帮的忙，不是我。"富民又赶往钱若水的议事厅，钱若水关门不见，说："这是知州求得实情的，我没有参与。"富民不得入，便绕着官府而哭，回家后倾家产向僧侣布施斋饭，只为钱若水而祈福。知州以钱若水曾替几个将被判死罪的人洗雪了冤情，欲为之奏论请功，钱若水推辞说："若水但求狱事正，人不冤死耳，论功非其本心也。且朝廷若以此为若水功，当置录事于何地耶？"知州叹服说："如此尤不可及矣！"录事向钱若水叩头愧谢，钱若水说："狱情难知，偶有过误，何谢也。"于是远近都一致称赞钱若水。宋太宗听说此事后，对钱若水破格提拔，两年后便升其为枢密院副使。

从此案中可以看出钱若水注重调查，思考周密，慎重办案，对命案高度负责，最终得以为蒙冤者昭雪。但老实说，此案案情

比较简单，放到另外的人手中，可能也会很快得到纠正，毕竟命案未查到死者尸体和其他物证，只凭嫌疑人口供是无法定案的。钱若水的可贵之处，就在于他有功不求功，只求个"狱事正"，即案子判得公正恰当。正如《折狱龟鉴》作者郑克所说："若水雪富民冤，犹非难能；唯其固辞奏功，乃见器识绝人。"从上文看，钱若水功成不居极其真诚，一是他将雪富民冤的功劳归于知州，二是他拒绝接受当事人的拜谢，三是他设身处地为险些办错案的同僚着想，并对其耐心开导，防止其压力过大。钱若水这种谦虚的品格以及有功不居功的高尚情操，才是他的过人之处，很值得今天的政法干部们关注与效法。

老子早就告诫过人们，一定要效法天地养育万物的法则，不要居功自得，自我夸耀，永居人上。《道德经》第二章载："万物作焉而不辞，生而不有，为而不恃，功成而弗居。"即万物生长而不加以限制，生养了万物而不据为己有，帮助了万物而不依赖它们，建立了功劳而不居功。一个想真正有所作为的人，就不要把功名利禄看得太重，而应抱有漠然一笑的立场。曾国藩在立下赫赫战功之后，马上给弟弟写一封信，附有一首诗："低头一拜屠羊说，万事浮云过太虚。"引用"屠羊说"的典故告诫自己和家人，要戒骄戒躁，越有功劳越得低头做人。"屠羊说"，出自《庄子·让王篇》。屠羊说是楚国的一个屠夫，曾跟着遇难的楚昭王流亡，后来楚昭王复国，派大臣问屠羊说希望做什么官，屠羊

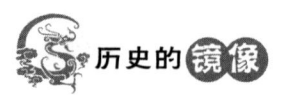

说说楚王失国,我也失去了卖羊肉的摊位,现在楚王复国,我也恢复了肉摊,还要什么奖赏呢?楚王又派大臣去一定要给屠羊说封官或奖赏,屠羊说又说,我文武的本事都不行,只是逃难时偶尔跟大王在一起,我可不能因为贪图高官厚禄,使我的君王落下一个滥行赏罚的坏名声。看来,有功,且功劳很大,又能做到不要任何奖赏,不要加官晋爵,这在任何年代都应该是好样的,都会永久受到人们的怀念。

狱不可鬻也

"吾官可罢,狱不可鬻也。"语出《清史稿·张克嶷传》:"郡有大豪戕亲迎者于路而夺其妻,克嶷微行迹而得之。狱成,当大辟。监司以督抚命为之请,曰:'稍辽缓之,当有以报。'克嶷曰:'吾官可罢,狱不可鬻也。'卒置诸法。"

说的是,郡里有个大豪霸,在路上杀死迎亲的人,将人家的新娘夺走。张克嶷微服侦察到罪犯的行踪后将其逮捕,狱案审定,应判死刑。监司奉督抚的命令为罪犯求情说:"请稍为宽缓一下,当有所报谢。"张克嶷说:"我的官可以罢免,狱案却不可以出卖。"终于将罪犯依法处置。

为官不畏强权,敢于秉公办案,是张克嶷的一贯作风。康熙十八年(1679),张克嶷考中进士,被选为庶吉士,即翰林院内的短期职位,往往由进士中有潜质者担任,为皇帝近臣,负责起草诏书,也是内阁辅臣的重要来源之一。很快,张克嶷便由庶吉士升为刑部郎中,官至五品,可谓仕途看好。这时有一件狱案牵连到朝中一位掌权者的族人,刑部的官吏们都不敢接手审

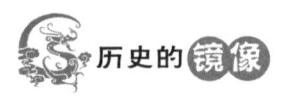

理此案。张克嶷却主动请缨单独办案。内务府以其人出差为由搪塞，张克嶷追究得越发紧急，并呈文询问此人出差何地、何时归来，敦促内务府官员来刑部告知。后来，此案虽然还是被阻搁了下来，但人们对张克嶷所表现出的不惧强权的劲头都肃然起敬。

张克嶷因此案得罪权贵，被贬出朝廷，外派为广西平乐知府，后又调任广东潮州知府。张克嶷人虽受贬，官职也小多了，但办案风格一点儿没变。上面提到的"吾官可罢，狱不可鬻也"，就发生在潮州知府的任上。还有一件事，也让人十分钦佩。有个人假借亲王的命令来潮州非法开矿，张克嶷就把他抓起来，这个人便拿出龙牌来。张克嶷把他关进监狱，拿着龙牌到亲王府查证，得知所谓的龙牌是假的后，立刻将这名诈骗犯当堂杖死。

而面对一般的民众，张克嶷却彰显了"可矜"、同情、宽恕的一面，坚持惩首恶、宥胁从，既维护法律的威严，震慑犯罪，又最大限度地保护广大的民众。张克嶷初到潮州就遇到属县被千余"明裔"叛乱分子包围，形势危急。他先派士兵埋伏在白叶祁山一带，多张旗帜，设为疑兵，令叛军不敢贸然逼近。然后又挑选了二百名武艺好的精壮士兵，趁着半夜起大风时，去袭击叛军的营寨，并且虚张声势，说清朝大军已到。又令城中人马，击鼓呐喊，以助其势。袭击开始后，叛军摸不清形势，都向祁山一带

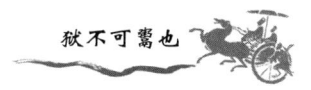

逃窜，恰好中了张克嶷的埋伏。张克嶷带领的清军，大获全胜，斩杀了三名匪首，其余的叛匪都四散逃窜，缴械投降，叛乱算是彻底被平息了。由于清代军功奖赏优厚，尤其对镇压以大明名义的叛乱，更是奖赏有加。广东巡抚找张克嶷商量说，若以平息叛乱上报，老兄有望得以高升。张克嶷却说："这些人只是寻常盗贼，不是明裔叛乱。如以明裔叛乱定案，必然兴起大狱，株连众多，恐怕会再次激起民变的。"硬是将一次不大不小的平叛战役，上报成了普通缉盗案件，为曾参与其中罪行不大的许许多多老百姓免了刑责，自己也没有捞到个一官半职。

张克嶷就是这样一个执法讲究原则，不畏强权，且有良知的人，但最终也未能在官场中再上一层楼，以致心中颇为不忿。《晚晴簃诗汇》，又名《清诗汇》，是清诗总集，"卷四十七"载有张克嶷的一首诗《送友人之广文任》："少年开口话伊周，壮志空存老未酬。吾道尊非因及第，人师贵岂让封侯。于今绛帐稀黄发，自古青毡重白头。边地莫嫌官署冷，饱餐苜蓿又何求。"就是他心境的真实写照。

"狱不可鬻也"的精神，无疑仍值得今天各地的执法执纪者学习，而张克嶷破大案平叛乱之后，心态平和，不自吹自擂，不好大喜功，不求升官邀赏的劲头，更值得执法执纪者们去效法。因为执法执纪者，都身系重任，千万不能搞好大喜功那一套，要实事求是，有一说一，有二说二，不能为了突出自己的所谓功

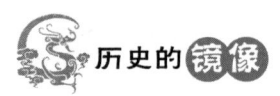

绩，干一说十，干十说百，把本不大的案件，说成天大的案件，把本可以少追究几个人就很合适的案件，硬是追究挂连成一大片才过瘾。

欲擒故纵释冤有术

庄遵,本姓庄,因避东汉明帝刘庄讳,改庄为严,即严遵。综合东晋常璩《华阳国志》、东晋干宝《搜神记》、宋郑克《折狱龟鉴》等三部典籍的记载,严遵既是一个为民的好官,又是断案决狱的高手,尤以欲擒故纵、"释冤有术"而著称。

《搜神记》有"严遵破案"篇。严遵做扬州刺史时,某日在所辖地区巡视,途中忽然听到有个妇女在哭丧。那哭声惧而不哀,便派人去了解情况,回报说,那个妇女的丈夫被火烧死了。严遵觉得可疑,就命人守尸,并说,定会有什么东西前来,要严密监视。结果发现有一些苍蝇聚集在尸体头部。打开其发髻一看,发现有铁钉钉进头部。经审讯,查明这是一起谋杀亲夫案。

《折狱龟鉴·释冤上》"庄遵"篇载:扬州陵阳县发生一起杀兄案。一天早晨,一个女子在房中揪住自己的小叔,大叫:"小叔子要强奸嫂子,把他哥哥杀死啦!"闻声来了许多看热闹的人。只见她的丈夫倒毙在血泊中,而小叔子身上沾满了血迹,面

无人色,语无伦次。接着,这女子到县衙告官。县官将小叔子抓来,加以刑讯,小叔子供认:自己图谋奸嫂,杀了哥哥。又有满身血迹为证,所以立即被打入死牢。扬州刺史庄遵到陵阳县察访,问清了此案的来龙去脉后,升堂重新审问凶犯。在堂上,先是女子照旧哭诉一番,然后庄遵问小叔子有什么可申诉的。小叔子说:"我起早发现嫂子与别人私通,杀害了我的哥哥,我就闯进兄嫂的房间去捉奸,没想到一进房门就被嫂子揪住,她摸起我哥哥的血就往我身上涂抹,又喊又叫诬赖我要奸污她杀了哥哥。我一时气昏,有口难辩。又无法忍受县衙的刑讯,就招认了奸嫂杀兄之罪。"庄遵听罢,当众宣布:"这个小叔子真是大逆不道,应依法处置,先监禁起来,可将其嫂子放回。"然后,庄遵密令差役潜藏在女子窗外墙下偷听。当夜,果然有奸夫到来。他走进屋子就问:"这位刺史大人审问小叔子后,有什么疑心吗?"女子笑着说:"一点儿疑心都没有。"说罢,两人相互嬉戏。差役当即闯进屋去,将奸夫奸妇擒拿归案。小叔子总算免去一场杀身之祸。

  对这两起不同的案件,严遵采用的是同一种方法,即欲擒故纵,麻痹罪犯,进而秘密地获取证据,擒住真凶。之所以能做到这一点,原因有三:一是观察细微。郑克写道:"庄遵,初为长安令,后迁扬州刺史,性明察。"听到女子哭丧的声音不够悲哀,就想到其中可能有诈,立马派吏员守尸观察,进而发现杀人

铁证,迅速捉住凶手。如果大大咧咧,马马虎虎,见怪不怪,即使巡视也定会是一无所获的。二是施放烟幕,迷惑嫌犯。从《折狱龟鉴》记载的那起案件看,严遵本来已经怀疑到死者妻子有作案可能,却故意只拘禁小叔子,放了死者妻子,犹如结案一般,让真凶警惕全无,竟与同伙欢愉道出一切,结果自投罗网。三是一切为民是根基。《华阳国志》第一卷《巴志》载:"巴郡严王思,为扬州刺史,惠爱在民。每当迁官,吏民塞路攀辕,诏遂留之。居官十八年卒,百姓若丧考妣,义送者赍钱百万,欲以赡王思家。其子徐州刺史不受。"有学者认为,严王思即严遵。这段话的意思是,严遵任职期满,多次本该调走高升,但黎民百姓就是不许,没办法皇帝只好下诏增加其俸禄,仍在扬州任职。严遵去世后,百姓异常悲哀,要送百万钱给其子,但其子却不收。有着如此爱民情怀的刺史,办起人命关天的案件来,怎能不细心又细心呢?

由严遵办案想到人民法官为人民的话题上来,看来要做一个好法官,为民的好法官,最起码要做到守住清廉底线,因为不廉洁的行为,哪怕只有一次,就会使当事法官名声扫地威信全无,连案件都无法接手了,还如何谈得上办好案件。坚持公正判案,确保实体、程序、执行等,各个环节都要公开公正公平,让当事人输赢都堂堂正正、明明白白,都能毫无疑虑、心悦诚服。加快办案节奏,想尽一切办法,让当事人少等一天是一天,万万不能

案件一到手,不挨到法定的最后时限就是不出手。提供司法便利,宁可自己多费心,不让当事人多跑腿,尽量为当事人参加诉讼活动提供各种便利条件。可以说,只有做到上述这几条,人民法官为人民,才算是落了地。

吴良不谄媚

吴良,东汉时人,官至议郎。议郎的职责是参与朝政,顾问应对,官秩六百石。其公正廉洁,躬俭安贫,行为中正,表有仪礼,终其一生,志节不衰,不谄媚、说实话。《后汉书·吴良传》很短,几百个字而已,但却勾画出一个刚正不阿、一身正气的鲜活形象。

有三件事,给人的印象特别深刻:

一是还是在吴良刚刚当上临淄郡一个很小的官吏时,有一年过春节时,他和他的一些同僚们一起去给郡太守拜年。酒宴上,掾吏王望,起身敬酒,对太守极尽谄媚之言,大肆称颂其功德,无非是什么太守来了以后,盗贼少了,打粮多了,百姓乐了,等等。吴良见状突然站起来,对太守说:"王望是个奸佞小人,他说的话全是谄媚之言,没有一点儿根据,此地的现状完全不是王望说的那样!万万不能接受王望的祝酒。"太守收敛起笑容,认为吴良说得对,酒宴结束后,就要转升吴良为太守的主要佐吏——功曹。而吴良却以进言太守获得升职为耻,始终不肯前

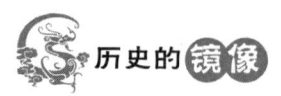

去拜谒太守，接受新的任命。另据北宋杨彦龄《杨公笔录》记载，汉明帝时，临淄太守为嘉奖吴良，曾赏赐"鰒鱼（即鲍鱼）百枚"。两汉时，鲍鱼还属稀罕物。看来，临淄太守虽然史上未留下名字，却是个好官，能听得进不同意见，欣赏和重用实话实说的部属的好官，让人着实钦佩。

这个故事还为后世留下了一个成语"临淄掾吏"，特指那些拍马溜须的人。宋代苏轼的《鰒鱼行》词中就有"辽东太守远自献，'临淄掾吏'谁为材"的句子。

二是后来经东平王刘苍的举荐，汉明帝刘庄任命吴良为议郎。从此，吴良得以伴君左右，参与朝政，但还是不改不谄媚、说实话的初衷。永平中年，明帝车驾出巡，信阳侯阴就的车帐干扰禁卫，车府令徐匡钩住阴就车帐，将驾车人收狱。然而皇帝诏书却谴责徐匡，徐匡只得自缚请罪。吴良上言说："信阳侯阴就倚仗外戚权势，干犯圣上车驾，不守人臣礼节，是大不敬。徐匡执法守正，反进了监狱，臣恐圣化会荒废下去了。"明帝虽接受吴良的建议，赦免了徐匡，可还是将爱说实话的吴良下派为即丘县长。

三是吴良后来迁升至司徒长史，又复拜为议郎，每参与处理朝廷中的重大议案，仍然是实话实说，引经据典，据理力争，介然独立，既不求取得皇帝的宠爱，也不附和于时俗，以求获取人们的赞誉，直至死于官任上。

吴良终其一生，无论官职大小，受宠受贬，对上司、对皇

上,从不谄媚,从来都是实话实说,真是难能可贵。作为一名好的部属与下级,不谄媚是起码应具备的品格。如果整天围着领导的屁股转,以领导的喜好为喜好,专找合适的时间与场合,专挑领导爱听的话说,专说阿谀奉承、溜须拍马的好话,甚至把谄媚都修炼成了一种生存习惯,一辈子都靠做作虚伪来打拼。久而久之,有的领导者就会被忽悠得飘飘然,不知自己为何人,"瞎胡整能出省"的怪事就该频频出现了。这样一来受害的不只是领导者个人,而是公共事业和人民利益。当然谄媚者最终也不会有什么好下场的,因为人前有多谄媚,人后就会有多恶毒,这是铁律,相信哪个领导者都不会永远看不透这一点的。而说实话说真话,应是好的部属必须具备的另一个优秀品格。革命导师列宁曾说过:"我们应当说真话,因为这是我们的力量所在。"具体到一名部属,敢于说实话,是其作为领导下属存在的意义所在。出于对事业负责,也是对上级负责,一个好的部属就是要敢于和善于对上级提出不同意见甚至批评的话,而决不能一味地说好话唱赞歌。当然,实话实说,真话真说,也要讲究方式方法,讲究一点儿说话的艺术,使实话真话能让上级领导听得进去,并能吸收与采纳。当然,一个部门或单位,形成部属能够实话实说的氛围,需要领导者与部属们的共同努力,而作为一名好的部属,无论外在条件如何,不谄媚、说实话,应是必须坚守的底线,这就是循吏吴良给予今天公职人员的启示。

舍身廷争释冤狱

寒朗，东汉明帝时人，官至侍御史、博士（负责教学的官名，掌议论政事及礼仪）。曾参与处理楚王刘英谋反案，注重证据，敢于争谏，使大批蒙冤者得以获释。对此，《后汉书·寒朗传》《资治通鉴》和《折狱龟鉴》等典籍，都给予了高度评价。本传载："寒朗之廷争冤狱，笃矣乎，仁者之情也！"即寒朗在朝廷上为蒙冤者鼓与呼，深厚啊，有仁德人的感情。《折狱龟鉴》"寒朗"载，按："仁者必有勇，于朗见之矣！是故能辨诬也。"

纵观楚王刘英谋反案，有两大特点：一方面案子越滚越大，被牵连的人犯越来越多。刘英是史料所记载的最早的佛教信徒，《后汉书·楚王英传》载："英少时好游侠，交通宾客，晚节更喜黄老，学为浮屠斋戒祭祀。"他于公元65年在徐州所造的浮屠仁祠，比洛阳的白马寺整整早了两年。然而，刘英却没有把持住自己。汉明帝永平十三年（70）四月，刘英和方士制作金龟、玉鹤，刻上文字，用作将为皇帝的天赐凭证，与渔阳人王平、颜忠等人编造符谶之书，蓄谋造反，被人告发。汉明帝将此事交由有

关部门追查核实,当年底,废掉刘英王位,将其迁往丹阳郡泾县。次年四月,刘英抵达丹阳郡后自杀。之后,朝廷极力追究楚王之案,供词互相牵连,从京城到州郡,从皇亲到豪杰,甚至是审案的官吏,都被以反逆定罪,被处死、流放的数以千计,而关在监狱中的还有几千人。刘英曾暗中将天下名人记录在册。明帝得到这个名单,便照单"请客",将吴郡太守尹兴等五百多人收捕,交由廷尉审查,这些人经不住酷刑拷打,大部分人死去了。后来,颜忠、王平的供词又牵连到隧乡侯耿建、郎陵侯臧信、护泽侯邓鲤、曲成侯刘建,被抓到狱中的人就更多了。有的州郡也关押了相当多的人犯。正如《楚王英传》所载:"楚狱遂至累年,其辞语相连,自京师亲戚诸侯州郡豪杰及考察吏,阿附相陷,坐死徙者以千数。"

一方面朝廷的审案者众口一词,皆曰人犯有罪。由于明帝对刘英极为愤慨,对此案极为重视,导致参与审案的大小官员各个惶恐不安,唯恐自己被牵连进去,被以同案判罪定案,因此无一人敢根据实情,给予蒙冤者以宽恕。

在这种情况下,寒朗作为掌纠察职责的侍御史,奉命与三公府(太尉、司徒、司空)的属下官吏,审理复核楚王刘英案的有关案犯,如颜忠、王平等人。寒朗察觉颜忠、王平咬出"四侯"的供词可能有假,便以隧乡侯耿建等四人的体貌特征,来单独询问颜忠、王平,颜、王两人"错愕不能对",根本就说不出来。

寒朗断定其中有诈,便上疏明帝:耿建等人没有罪过,只是被颜忠、王平诬陷了。我怀疑天下的无辜罪人,遭遇多与此相似。

明帝立即召见寒朗,问:如果是这样,那么颜忠、王平等人为什么要牵连他们?寒朗说:颜忠、王平自己知道犯了大逆不道之罪,所以虚招了许多人,企图以此来为自己减轻罪责。明帝说:如果是这样,"四侯无事,何不早奏",以致拖了这么久?寒朗说:我虽察到此冤情,但恐怕再另外有什么人真能揭发出耿建等人的罪行,故此没有及时禀告。明帝生气地说:你这审案官,"吏持两端",便命人将寒朗拉下去责打。寒朗说:我想说一句再死,小人不敢欺君,只是为国家好而已。明帝说:谁和你一起写的奏章?寒朗说:我知道一定会有灭族之罪,不敢连累他人。明帝问:为什么是灭族之罪?寒朗说:我审案一年,不能彻底清查奸谋的实情,反而为罪人辩冤,所以知道该当灭族之罪。然而我所以上奏,实在是盼望陛下能一下子觉悟罢了。我见审问囚犯的官员,众口一词地说臣子对叛逆大罪应同仇敌忾,如今判人无罪不如判人有罪,可以以后免受追究。因此,官员审讯一人便牵连十人,审讯十人便牵连百人。公卿上朝的时候,当陛下询问案情处理得是否得当,他们全都跪着回答:"依照以往制度,大罪要诛杀九族,而陛下大恩,只处决当事者,天下人太幸运了。"而等到他们回到家里,口中虽无怨言,却"仰屋窃叹"。所有人都知道这里多有冤情,但不敢犯上直言。我今天说出这番话,"诚

死无悔"。此刻,明帝怒气渐消,下令将寒朗放走。两天后,明帝亲自到洛阳监狱甄别囚犯,释放了一千多人。

见明帝能如此理案,各地也纷纷为冤狱昭雪。新任楚郡太守袁安,到任后,不进太守府,先去处理楚王之案,查处缺少证据的囚犯,登记上报而准备释放。郡府大小官员全都叩头力争,认为附从反叛,依法同罪,万万不可。袁安说:如果违背了朝廷,太守自当承担罪责,不因此牵连你们。于是便上报。此时明帝已醒悟,便批准了袁安奏疏,有四百多家的囚犯因此获得了释放。

至此,楚王刘英谋反案,以众多蒙冤者得以获释宣告终结。

刘英谋反案中数以千计的蒙冤者,因寒朗的据理廷争,终于得以获释。写到这里,深为寒朗的滔滔一辩所折服。那么多的审案官吏,那么长的办案时间,为什么唯独寒朗挺身而出,舍身辩冤?其实,答案就在《寒朗传》之中。

一是寒朗称此举"欲助国耳"。寒朗入仕后,无论在哪个职位上,都尽职尽责,对上负责,为国出力。审理刘英大案,眼见冤情一片,岂能无动于衷,无论是大胆上疏还是与皇上廷争,都源自为了国家更好这一坚定信念。

二是寒朗心里装着百姓。寒朗到哪里任职都深得吏民的拥戴,任济阳令时以丧母去官回乡后,百姓追忆与思念之情始终不减。章和元年(87)汉章帝刘炟出巡经过济阳时,还有不少百姓和老吏人上书,赞扬寒朗为令的政绩和美德。可见,心中装着百

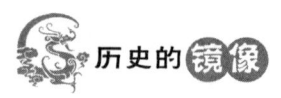

姓,为官用权就必然时时处处为百姓着想。

三是寒朗酷爱读书学习。本传载:寒朗"好经学,博通书传,以《尚书》教授。举孝廉。"所谓"举孝廉",汉代规定人口满二十万的郡、国,每年可举孝廉一人,且必须是通晓经书的儒生。寒朗被举孝廉,实属不易。如此熟读诗书、明理厚德之人,哪有见冤情如此严重而又无动于衷呢?

愿今天的法官们,担当起法律人的历史使命,以对国家、对人民、对历史高度负责的精神与态度,精心办理好经手的每一起案件,杜绝冤假错案在我们的身边发生。

"无名杀臣下"何以无阻?

"无名杀臣下",是南宋学者洪迈《容斋随笔》卷二中的一篇短文:"《传》曰:'欲加之罪,其无辞乎!'古者置人于死地,必求其所以死。然固有无罪杀之,而必为之名者。"洪迈举了三个例子,汉武帝杀颜异,曹操杀崔琰,隋炀帝杀薛道衡,最后感叹道:"冤哉此三臣之死也!"其实,与洪迈同朝的岳飞被赵构所杀,更是天下奇冤,且洪迈去世前四十年左右,岳飞冤案已得到平反,但不知何故洪迈却没有把岳飞写进此文中。

今天,不妨简析一下这四大冤案,缘何能毫无阻挡地铸成。当然,根本原因在于封建法制实质上就是帝王的人治,朕即是法,法由朕出,一切服从皇权,刑罚带有极大的任意性。具体分析,还有以下三点:

一是,帝王心中早就有除之而后快之意。颜异等四人都属于这种情况。颜异,以廉洁正直著称,在汉武帝时期任大司农,官至九卿。当时,汉武帝与张汤商议发行"白鹿皮币"。结果导致一张白鹿皮币,价值四十万钱,亲王贵族到长安朝觐皇帝时,都

要购买,变成了一种变相勒索。汉武帝征求大司农颜异的意见,颜异提出了不同看法:"今王侯朝贺以苍璧,直数千,而其皮荐反四十万,本末不相称。"即原本价值才数千,一下子变成四十万之多,于国于民不利。汉武帝听后好大不高兴。这就埋下了颜异被杀的祸根。

崔琰,本是三国时最为德高望重的名士,也很为曹操所器重。而曹操虽有篡汉之意,却极力规避篡汉之名,认为崔琰与杨训的书信,看出了其有篡汉之心,怎能不杀之。

薛道衡,隋朝建立后,任内史侍郎,加开府仪同三司,隋炀帝时为司隶大夫。有一次,朝臣们在一起讨论新令,争论不已,薛道衡就说:"向使高颖不死,新令早就颁布施行了。"而高颖在隋炀帝杨广与杨勇争夺太子之位的斗争中站在杨勇一边。薛道衡公然讲崇敬高颖的话,隋炀帝岂能容忍。

岳飞,在抗金中屡屡取胜,很有可能击败金军,"直抵黄龙府",并成功接回被掳的宋朝二帝,这就不符合宋高宗赵构重用岳飞只是为了保护南宋偏安的意图,也是赵构根本就无法容忍和接受的。

二是,谄谀小人取容献计,铸成其"罪"。汉武帝等四位帝王身边,都恰好有整日揣摩帝王心思,投其所好谄媚奸佞之徒。张汤,汉武帝时的廷尉,以会揣摩汉武帝意图来办案而著称,若是汉武帝欲图加罪的,便让属下穷治其罪,若是汉武帝欲宽免其罪的，便让属下减轻其罪状。汉武帝让张汤审理颜异被告发发表异议一案。《史记·平准书》载："（颜）异与客语，客语初令下有不便者，异不应，微反唇。汤奏当异九卿见令不便，不入言而腹诽，论死。自是之后，有腹诽之法比，而公卿大夫多谄谀取容矣。"说的是，当有人议论政令时，颜异没有说话，只是嘴唇稍动一下而已，便被定了个"腹诽"的罪名，被汉武帝下令正法了。颜异也成了历史上第一起腹诽案件的"罪犯"。

曹操处罚崔琰做苦工后，又派人监视崔琰。当监视者回报说崔琰仍没有屈服时，曹操便下"赐死崔琰令"："琰虽见刑，而通宾客，门若市人，对宾客虬须直视，若有所瞋。"即崔琰虽然受刑，却与宾客来往，门庭若市，接待宾客时胡须卷曲，双目直视，好像有所怨愤。于是赐崔琰自杀。在这里"双目直视"，也成了死罪。

裴蕴担任隋朝御史大夫，善于侍候人主微意，如果是皇帝想怪罪的人，则曲法顺情，铸成其罪。如果是皇帝想包庇的人，则附从轻典，加以释放。因此皇上将大小之狱都交付给他审断，而大理寺都不敢与其争辩。他知道隋炀帝讨厌薛道衡，就上奏弹劾，说："道衡负才恃旧，有无君之心。见诏书每下，便腹诽私议，推恶于国，妄造祸端。论其罪名，似如隐昧，源其情意，深为悖逆。"大意是，论其罪名，好像不大好定，但追查他的心意，实际上就是悖逆。隋炀帝览奏大喜，称："公论其逆，妙体本心。"

即你论他的叛逆,非常符合我的心意。下令将薛道衡逮捕审讯,最后逼令自尽。

岳飞冤案就更明显了,大奸臣秦桧就不用说了,还有万俟卨一伙,而认为岳飞无罪的李若朴等人,均遭到罢官处分,秦桧甚至连罪名都不愿意再安一个了,一句"莫须有"就将岳飞定罪问斩了。

三是,鲜有谏诤之臣敢于站出来讲话。据史料记载,颜异、崔琰、薛道衡三人从被定罪到被杀头,没有一人出来替他们说句公道话,更没有人在皇帝面前为他们进行争辩。宋代学者钱时,曾说过:"腹诽且死,况敢有公言?卿大夫谄谀取容一律而从汤矣。"倒是岳飞的冤案中,还有韩世忠为其说句公道话。《宋史·岳飞传》载:狱之将上也,韩世忠不平,诣桧诘其实。桧曰:"飞子云与张宪书虽不明,其事体莫须有。"世忠曰:"莫须有三字何以服天下?"说的是,已经辞官在家、明哲保身的老将韩世忠,对岳飞一案忍不住,去问宰相秦桧岳飞何罪,秦桧蛮横地回答:"莫须有!"韩世忠只是当秦桧面争争而已,并非在皇帝面前进谏,因此于事无补,岳飞还是很快就被宋高宗下令杀掉了。

写到这里不禁感慨万千,唏嘘不已,封建社会的罪刑擅断,真是害死人,欲加之罪,可谓名目繁多,不说话便定"腹诽"罪,虽说话没毛病但却定个"实为悖逆",双目直视便断定为心

怀不满,直至"莫须有"都成了死罪的代名词。越是回顾这些历史往事,就越发感到在与封建法制斗争中产生的罪刑法定原则之伟大,也倍感做一名当今法官肩上担子的分量之重。

清官能断家务事

"清官难断家务事",至冯梦龙《喻世明言》第十卷"滕大尹鬼断家私",载有这句话以来,人们常常这样说,觉得挺有道理的。因为家务事,是个情理矛盾,虽也是非分明,容易判断,但家庭成员之间,有浓浓的亲情,血浓于水,亲情剪不断、理还乱,按照公正的理念判案往往事与愿违,如处罚得轻,原告觉得冤屈,处罚得重,原告又会为被告求情,有时就是处罚得当,也会落得个挨双方骂的结局。《左传·僖公二十四年》有句名言:"兄弟虽有小忿,不废雠亲。"即兄弟之间即使有小怨,也不会切断他们的至亲关系,说的就是这个理。

然而,宋朝初期的名相张齐贤,却果断地处理了一起家务事纠纷案件,给后人以很大启示。宋真宗有位外戚死了,留下遗嘱:"家产由两兄弟平分。"可是,刚刚分完家产,两兄弟就争执不休,彼此认为对方占了便宜,闹得鸡飞狗跳。屡次借着入宫的机会,自行在皇帝面前理论,请求宋真宗评断。但是,对于宋真宗十多次的调解,却又不服气,惹得宋真宗心烦气躁,决定将这

件事交给三省（尚书、门下、中书）及御史台处理。同中书门下平章事（宰相）张齐贤听说了，对宋真宗说："这两兄弟连皇帝的调解都不听，恐怕台府也不好办，可否由我来审理？"宋真宗同意张齐贤的毛遂自荐。张齐贤将两兄弟找来，问："你们两人告的状属不属实？""属实！属实！"两兄弟一齐回答。张齐贤就让他们各自在状纸上画押具结，然后就作出判决："既然你们各自的说辞都属实，那就满足你们各自的愿望吧！哥哥说弟弟分多了，那就把弟弟的家产给哥哥；弟弟说哥哥分多了，那就把哥哥的家产给弟弟。"兄弟俩想不到张齐贤会作出这样的判决，全都目瞪口呆，但又是依着自己的申诉理由断的案，两人再也无话可说，只得表示服判。张齐贤派人督促兄弟俩即日互换房舍，财物全部不动，交换有关契约，迅速执结、平息了此案。次日张齐贤上奏宋真宗，皇上大悦，曰："朕固知非卿莫能定也。"

张齐贤断此案，高就高在：一是完全按原被告的诉求来办，使得双方虽没有想到竟会如此下判，却又都语塞无话可说。二是不去引导双方争辩具体事实，诸如房产、动产谁多谁少，多在哪里少在哪里，防止越掰越生，成为冤家对头。三是快捷处理，防止日久生变，迅速具结画押，交换契约文书，实现房子、财产过户，平息争端，了结案件。郑克《折狱龟鉴》卷八载有此案，赞曰"此张咏尚书断狱法也"。

张齐贤能如此断案，除了聪慧外，有着浓浓的爱民情怀，是

个重要因素。张齐贤入仕后，先后任过衡州通判、忻州知州、江南西路转运使等职，常常深入民间关心人民生活，了解治政得失、地方官员利弊，为民众办了不少好事、实事。任衡州通判时，他复审一件盗案，发现了其中五人系无辜受株连，马上改判，从刀口下救出了五人性命。衡州地处交通要冲，驿站很多、役夫达数千名。这些役夫劳役繁重、生活困苦。张齐贤详细核算了实需人数，一次将役夫数量减掉一半。宋初江南狱囚都要解送京师复审，由于路途遥远、解差虐待，囚犯在路上常常死掉一半以上。张齐贤发现，江南犯人送京多，原因是地方官问案不负责任，依赖京审定案，致使许多无辜平民牵连入狱，死于转解途中。他向朝廷报告了这一情况，建议朝廷派强干的官员复审囚犯，如果发现株连无辜，原审官反坐。这样一来，江南官吏问案认真了，上送的狱囚大大减少。北宋统一前，江南属于几个小国管辖，税目繁多，税额特重。张齐贤奏请朝廷后，将这些地方的税费削减了下来，百姓无不欢欣鼓舞。

其实，家务事纠纷案件，与其他类案件相比，特殊性就在于当事人之间，存在着浓浓的亲情关系。那么搞好这类案件的审判与调解，就是要在维系好这种亲情关系上下足功夫。通过法官的艰苦细致工作，最终要让这种亲情关系更加密切，而不是越加生分，直至成为仇人，这是审好这类案件的关键所在。当然，前提是也要分清是非，分清责任，但这还远远不够，要耐心地做和解

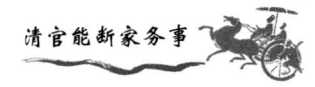

和好的工作，争取达到握手言和、皆大欢喜的效果。只有一个个的亲情稳固、家庭和睦，才会有整个社会和国家的和谐与稳定。新时代的法官们，朝着这个方向多多努力吧。

为"请论如律"点赞

"请论如律",即"请按法律规定判处",语出《新唐书·柳浑传》。柳浑是唐朝贞元年间的宰相、诗人。一次,唐德宗李适命玉工制作玉带,玉工因失误摔坏一銙(附于腰带上的装饰物)。玉工不敢报告皇帝,便自己到市上买了其他的一銙补上。玉工进献玉带时,唐德宗指着那个补上去的銙,说:"这个为什么与别的不同?"玉工招认伏罪。唐德宗下令将其处死,诏书下达至中书省。柳浑坚持说:"陛下遽杀之则已,若委有司,须详谳乃可。于法,误伤乘舆器服,罪当杖,请论如律。"说的是:陛下如果仓促之中杀了他也就罢了。但是要把他交给主持刑狱的官吏审理,就必须详细审理才行。依照法律规定,凡是因过失损坏了皇帝用的车马用具和服装之类,只应当处以杖刑,请按法律规定判处。柳浑建议以"误伤乘舆器服"罪,将玉工杖打六十,释放其余被关押的玉工。唐德宗允准。

柳浑对此案,完全是按照法律规定判处的。法律与解释并存的《唐律疏议》第三篇《职制律》,是关于官吏管理、职责以及

惩治贪官枉法方面的规定，其中就有一条："诸乘舆服御物，持护修整不如法者，杖八十。"此条"疏议"如下："乘舆所服用之物，皆有所司执持修整，自有常法。不如法者，杖八十。"柳浑在皇帝已有诏示的情况下，敢于坚持"请论如律"的精神，值得点赞！

后世对柳浑的人品、官品评价甚高。清代知名学者蓝鼎元认为，"（柳）浑言弃圣教为异术不若速死，又曰头可断舌不可禁，可想见其为人矣。（柳）浑持正不阿，知大体，又有远识，能料事未然，亦一代名臣也"。这个评价实际上也回答了柳浑能做到"请论如律"的原因。

柳浑幼时便成了孤儿，有巫者给他看相，预言道："此儿面相贫贱，而且短命，如果让他出家做僧侣、道士，可以延缓死期。"亲属们想要听从巫者的话，柳浑不从说："去圣教，为异术，不若速死。"于是发奋求学。唐玄宗天宝元年（742），柳浑入仕为单县县尉，后拜监察御史，出知江西租庸院事。

唐代宗大历二年（767），江西观察使任命柳浑为判官。开元寺僧人与酒徒夜饮，导致失火，他们归罪于哑巴守门人，并行贿于有关吏员，案件就此具结。多名官吏均知此系一冤案，但都不敢替守门人说话。唯有柳浑与另一同僚为守门人鸣冤，终使醉僧与酒徒伏法。因此，柳浑便以公正敢言闻名于当时。

贞元三年（787），柳浑拜同中书门下平章事，出任宰相。当

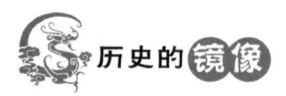

时，柳浑与张延赏同朝为相，柳浑在议事时，屡次与张延赏产生分歧。张延赏让亲信对柳浑说："张相公是有德望的老臣，你只要在朝堂上少说话，宰相之位便可保持长久。"柳浑说："为吾谢张公，浑头可断，而舌不可禁。"自此以后，张延赏便嫉恨起柳浑来。而唐德宗又喜欢斯文儒雅、不露锋芒的大臣。柳浑则"辩好谈谑，与人交，豁如也"。即纵而无拘好开玩笑，与人交往旷达豪放，也很不受唐德宗待见，终被罢相。

就是写诗，柳浑也与别人大不一样，在唐代咏牡丹的诗多写其艳丽不凡和高贵品格，他写的《牡丹》一诗却一反常态："近来无奈牡丹何，数十千钱买一窠。今朝始得分明见，也共戎葵不校多。"大意是，近来对牡丹真是没有什么办法，数万钱才能买一株。今天早晨才得以明明白白地看见，那牡丹同蜀葵也不差多少。因为当时的达官贵人，喜爱牡丹如狂，买花不惜重金，柳浑对此现象极为不满，于是写了此诗，尖锐讽刺了那些不顾民生疾苦，将花的价格抬得如此昂贵，挥金如土、穷奢极欲的达官贵人。

"请论如律"，即依照法律规定来判案，应该是对执法者最起码的要求，按说仅仅做到这一点，并不值得称赞。问题是在某些特定的情况下，诸如柳浑所遇到的那样，直接上级甚至更高级别的首长，都已发话都有明确说法，还敢不敢坚持依照法律规定来判案，还敢不敢阐述清楚自己的正确意见，并加以坚持最终能

够得以实现。这正是柳浑依法办案的故事,给今天执法者的重要启示。

依据伦理护弱者

钟离意,历东汉光武帝、明帝两朝,从郡的督邮干起,直至尚书仆射,为官30年,一贯清正廉洁,且能体恤民情,特别是断案重伦理情义,勇于维护在情在理一方的正当权益,受到官吏和民众的敬重。

《折狱龟鉴》卷八载:钟离意入仕后,任会稽郡北部督邮,负责代表太守督察县乡、宣达教令、司狱讼捕等事。当时乌程县有孙常、孙并兄弟俩,在分家时各分得四十顷田地。后来弟弟孙并因病早逝。有一年闹灾荒,孙常便拿出一些粮食来接济孙并的老婆和儿子,但又追算价钱并写了契券,进而夺取了孙并的田地以相抵。孙并的儿子长大以后,到官府去起诉伯父孙常,要追回田产。案件由钟离意负责审理,郡的属吏们都认为孙并的儿子在当年遭受饥饿的时候,全靠伯父孙常施给的少量粮食,才得以长大成人,而他现在不知道报恩,反而来和自己的伯父打官司,可见他不是孝顺谦逊之人,主张判其败诉。唯独钟离意不同意属官们的意见,认为:"常身为伯父,当抚孤弱,而稍以升合(汉制十合为升,十升为斗,'升合'指少量米粟),券取其田,怀挟奸诈,贪利忘义,请夺其田畀并妻子。"即孙常身为伯父,理当照管他弟弟遗下的寡妻弱子,而他却没有尽到这份责任,只给他们母子俩一点点粮食,随即用契据夺取他们的田地,他心里挟藏着奸诈,是一个贪利忘义之人。因此,应该将孙常强夺去的田地还给孙并的妻子和儿子。众属官议后,认为这样处理十分妥当。

其实,对上述案件,钟离意和属官们都是从伦理情义方面考量的,所不同的是属官们只看到了事物的表象,没有看到其本质,偏重于家庭伦理"兄友弟恭"中,弟对兄要恭敬、顺从的一面,而忽略了兄对弟必尽的关照、爱护的义务,进而必然得出"兄胜弟败"的结论。钟离意则抓住"兄"的三个事实:一是大灾之年,只给"升合"米粟接济;二是即使这样还要写借券留存,欲"秋后"算账,根本不是出自应有的关心关爱之举;三是最终果然夺取了全部田产,来折抵曾经的"升合"接济,而丝毫不考虑寡妻弱子日后的生计。从而认定,兄"怀挟奸诈,贪利忘义",判其败诉。

从《后汉书·钟离意传》看,钟离意为官还非常廉洁,亦具有浓浓的同情心、爱民心。下面这件事最能反映他的廉洁品格。明帝即位,钟离意被征拜为尚书。这时交阯太守张恢,因贪赃千金之罪,被判伏法,所贪钱物没收交大司农,皇帝下诏将赃

物赐给群臣。钟离意分得一些珍珠，却不去收取。明帝问其为何不要？钟离意说：我听说孔子忍渴不饮盗泉之水，曾参听到"胜母"的地名而回车，是讨厌其名字。这些肮脏的宝物，我的确不敢接受。明帝感叹道：尚书的话多么清正啊！于是改以库钱30万赐给钟离意，又升其为尚书仆射。

反映钟离意同情心、爱民心的事就更多了。第一件事，钟离意被征召到大司徒侯霸幕府时，曾被派去押解一批囚徒到河内府，时值隆冬天寒，有的囚徒患病，衣衫单薄，不能正常行走。路过弘农县时，钟离意就让县里替囚徒制作棉衣，县里不得已给了他，但上疏报告给了朝廷。钟离意在路上还解除了囚徒的枷锁，任他们随便轻松走动，按规定日期到达了目的地。汉光武帝得到奏章，给侯霸看，并说："你派的掾吏竟有如此仁爱之心，的确是个良吏。"第二件事，建武二十五年（50），钟离意为堂邑县令。县民防广为父报仇，被捕入狱，他的母亲病死了，防广哭泣不能进食。钟离意哀怜他，于是让防广回家，使他能为母亲办理丧事。掾吏们都争说不能放人，钟离意说："罪人是我放回的，我坚守信义，决不连累你们。"于是就放防广走了。防广安葬母亲后，果然又回来坐牢。后来，钟离意又秘密地上报防广葬母的事情，获诏为防广罪降一等，免除了死罪。第三件事，钟离意任尚书仆射时，皇帝下诏赐予投降的胡人后代细绢，负责文案的尚书把细绢数量的十误写为百，皇帝看到司农呈上的报告大怒，召

来尚书郎,准备杖打他。钟离意于是上前叩头说:"办事失误,常人都能够容忍,如果把懒散大意当作过失,那么我的职位高,罪责应较重;尚书郎职位低,罪责应轻一些,错误全在我一人,我应当首先被定罪受罚。"说完脱去衣服准备接受杖打。皇帝怒意消除,让钟离意戴好帽子并赦免了尚书郎。

在中国的伦理中,极为重要的是"悌道",它仅次于对父母的"孝道",即从亲缘关系里的兄友弟恭、友顺和睦,人们常常称之为"手足之情""同胞之亲"。兄对弟,要友好、友善、友爱、关心、爱护;弟对兄,要敬爱、顺从。但兄弟关系又是最容易发生矛盾的,往往会为了经济利益而诉争。审理这类案件,当然要非常重视天理人情,要敢于向恪守道德规范的行为一方倾斜,时至今日也还是要这样做。所谓法官判案,不能违背社会常理,对涉及人际关系、伦理道德、社会规范底线的案子,就应该从一个道德模范的视角来做裁判,当好社会良心的忠实守护者,说的大概就是这个意思吧。

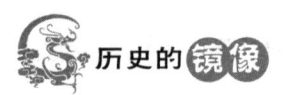

法无亲疏天下画一

裴怀古，是唐朝著名的循吏，曾任监察御史、并州刺史等职，深受百姓爱戴。在御史任上，他曾处理女皇武则天交办的一起案件，敢于严格按法办案，并留下一句名言："法无亲疏，当与天下画一。"《折狱龟鉴》称：裴怀古在武则天时代酷吏横行，执法严峻陷人于罪之际，尚能执法不阿抗旨陈辞，与独能犯颜直谏的徐有功是一类人。

《旧唐书·裴怀古传》载：恒州鹿泉寺僧人净满，被弟子谋划陷害。他的弟子秘密地画了一幅画：一个女人在高楼上，净满拉着弓正射向那个女人。然后把这画藏在装经书的箱子里。不久，他的弟子到皇宫前上告，说净满诅咒女皇，大逆不道。武则天命令时任监察御史的裴怀古审查此案，务必杀掉僧人净满。裴怀古仔细推究原被告的言辞情状，竟释放了净满，并告知朝廷。武则天大怒，裴怀古奏告说："陛下法无亲疏，当与天下画一。岂使臣诛无辜之人，以希圣旨？向使净满有不臣之状，臣复何颜能宽之乎？臣今慎守平典，虽死无恨也。"说的是，陛下在法律

上不分亲疏，应当全天下整齐一致。怎么能让我杀无辜的人，来迎合圣上心意呢？假如净满有背叛陛下的情状，我又有什么脸面宽恕他呢？我现在谨慎遵守公正法律，就是去死也没有什么遗憾的。这一席话，说得武则天怒气全无，认同了裴怀古的判决结果。

此案本身并不复杂，是极易搞清楚的，裴怀古的可贵之处就在于，在那酷吏横行、冤狱遍地的时代，坚持依法办案，解除犯罪嫌疑，大胆释放无罪囚犯，敢于与武则天争辩，并最终得到武则天的认同。裴怀古所以能做到这样，与他的官德与才干密不可分。裴怀古为官有三个特点：

一是忠于朝廷。圣历中年，突厥可汗请求和亲，武则天派裴怀古监军，陪同淮阳郡王武延秀，前往突厥迎娶可汗之女。可汗借口武延秀非唐室诸王，将其囚禁，并胁迫裴怀古做突厥官员。裴怀古拒不接受，可汗要杀他，裴怀古道："宁守忠以就死，不毁节以求生。"裴怀古被囚禁起来。后来，突厥军入侵檀州时，裴怀古趁机逃回了长安。

二是善于攻心。姚州、嶲州有少数民族首领反叛，皇上令裴怀古前往平叛。裴怀古申明赏罚，讲清利害，很快前来归附的反叛人员，每天都有上千人，最后俘虏了那个为首之人，并妥善安置了归顺的民众。当地少数民族为裴怀古立碑赞颂。酋长们还上京觐见武则天，称赞裴怀古的德政，请求让他担任州牧。后来，

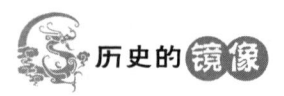

始安县贼寇欧阳倩聚众数万，攻陷州县。朝廷又派裴怀古持节前往平叛。裴怀古到后，快速传递书信劝诱反叛者归顺，让他们看清祸福，随从反叛的人纷纷前来投降，这些人都说是被官吏侵害逼迫，才发起反抗。裴怀古看出他们很诚恳，随后只带少数亲信到叛众营寨慰谕。身边的人说："这些蒙昧的人很难亲近，不能信任。"裴怀古说："我依仗忠信，可以通达神明，何况对人呢？"于是到对方的营垒来用好话慰解，那些人很高兴，归还了他们抢掠的财物。各部族酋长全部诚心归附，五岭南部地区全都平定了。

三是深得民心。裴怀古为官深受官吏敬畏、民众爱戴。神龙中年，他由并州大都督府长史升为左羽林大将军，在返回京城赴任途中，朝廷又任命他为并州长史。并州的官吏百姓听说裴怀古又返回来了，男女老幼全都到郊外来迎接他。此时崔宣道接任裴怀古为并州长史，刚到任就被免职，他也到郊外来迎候裴怀古。裴怀古恐怕触伤崔宣道的自尊心，命令官吏遣散出郊迎接他的人，可是百姓跑来的更多了，裴怀古就是如此受到人们的欢迎与思念。

"法无亲疏，天下画一"，无疑仍是今天的执法者所应追求的目标之一。要做到如此，似应特别注意三点：一是不能因上而异。借鉴裴怀古的做法与经验，案件一经到手里，以事实为根据，以法律为准绳，就是唯一的遵循，绝不能唯上是从，做出偏

离法律的判决。二是不能因案而异。无论是什么样的被告人与原告人,衡量他们对与错、罪与非罪,其标准只能是法律法规,而且是统一的法律法规,绝不允许以个体身份上的任何差异,来影响案件的公正判决。三是更不能因钱而异。实践证明,凡是案件办歪、办砸了的,十有八九都是执法者被金钱迷惑住了,深陷其中不可自拔。不用多说了,对连这一点都难以做到的执法者,直接开除或予以惩办就是了。

沉思静虑破疑案

北宋吕本中《官箴》载:"尝见前辈作州县,或狱官,每一公事难决者,必沉思静虑累日,忽然若有得者,则是非判矣。是道也,惟不苟者能之。"即曾经见过前辈做州县官或者是主持刑狱的官员,每次遇到难以决断的公事,必然是沉思静虑很多天,忽然若有所得,那么是非就已经可以判定了。这种处理问题的方式,只有一丝不苟的人才能做到。《折狱龟鉴》所载唐代张楚金断案故事,就属于这种情况。

唐武则天垂拱年间(685—688),虚构罪名、陷害无辜的罗织诬告之风开始盛行。浙江湖州刺史的佐史(刺史属官)江琛,伪造一封本州刺史裴光写给徐敬业欲共同谋反的书信,向朝廷予以告发。武则天立刻派御史前往审查。裴光见到所谓的"反书"物证后,供称:"书是光书,语非光语。"即信上的字是我的字,但话不是我说的。御史上报后,武则天又接连派了两个特使过去审查,裴光坚持原说法,故仍不能判定此案的真伪。这时,有人向武则天推荐吏部侍郎、秋官尚书张楚金善于辨案。武则天遂令

张楚金再次核查此案。裴光还是不改以往的供词。张楚金冥思苦想，深感忧虑。有一天，张楚金仰卧在窗户近旁，日光穿透窗户照射进来，他取来裴光的"反书"对着日光看，发现书信中的字都是剪贴补辑而成的。而把"反书"放平了再看，却又看不到剪贴补辑的痕迹了，对着日光看则又能看到剪贴补辑的痕迹了。张楚金立即把州县官吏召集在一起，并打来一盆水，命令江琛把"反书"投入水中，结果纸上的字纷纷散了开来。江琛只好叩头认罪，"反书"原来是窃取裴光以前所写的判书，裁剪其中一些单字，拼凑而成。武则天下旨，释放裴光，对江琛先打刑杖一百下，然后予以斩首。

《折狱龟鉴》评说此案："按此非智算所及，偶然见之耳。荀卿有言：'今夫亡针者，终日求之而不得；其得之，非目益明也，眸（眼中瞳仁，泛指眼睛。此指低下头去仔细看）而见之也。心之于虑亦然。(《荀子·大略篇》)'要在至诚求之不已。楚金之求狱情，何以异于此哉？是亦尽心之效也。"即此案不是靠机智地推测案情解决的，只是偶然发现罢了。荀卿说过："如今有人丢了针，找了一天也未找到，后来找到了，并不是因为眼睛变得更加明亮了，而是偶然低下眼睛看到了它。心对于所思虑的事情也是如此。"关键在有一片诚心，求之不已。张楚金研究案情，与此有什么不同呢？这也是他尽心于事的结果呀。

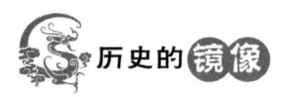

按说,将单字贴在纸上,拼凑成所谓的反书,应该一目了然、一清二楚。但不要忘了,古代所用的纸张可不是今天这个样子的。史书记载,唐代纸张,有麻纸,包括白、黄麻纸,表面粗糙,有草秆、纸屑黏附,纸纹都比较宽,约有二指。也有宣纸,安徽宣州产,主要原料是树皮。还有经棉纸,颜色稍黄,有棉性,质地较厚,南北朝至唐朝通用此纸,一直延续到宋代。此案中的纸张具体是哪一种,已无从考证,但哪种纸张都比较粗糙,贴字后犹如在原纸上所书写,不易被发现,却是事实。正因为如此,先后有四位官吏审查过此案,唯有张楚金大功告成,看似偶然所得,其实内含必然,是他办案尽心尽力尽责,且有一股子不查出真相绝不罢手的劲头,肯于沉思静虑、冥思苦想的必然结果。至于是透过来的日光帮助了他,还是其他什么东西启发了他,可能是不确定的。

《围城》中有句话:"天下就没有偶然,偶然不过是化了装的、戴了面具的必然。"必然性是通过偶然性表现出来的,偶然性的背后则隐藏着事物的必然性。据说,老祖宗鲁班也是因为一次上山,偶然被带有细齿的茅草划破了手,才得到灵感而发明了锯子。世上无难事,只怕有心人。一丝不苟,一心一意,尽心于事,尽心竭力,心无旁骛,全神贯注,做事认真细致,一点也不马虎,就没有办不成的事情,没有完不成的任务。办理案件,有难有易,纵使难度再大,承办者只要有高度的责任心和事业心，有克服困难攻坚克难的决心和勇气，有一丝不苟认真细致的工作作风，有勤于思考善于钻研的态度，就一定能将案件办好。

萧贯了结上访案件的启示

萧贯，宋代人，曾任开封府推官，京东转运使，三司盐铁判官，饶州知府，兵部员外郎。为人正直豪迈，才识卓越，临事敢为，从不苟合于时。萧贯了结一起上访案件的事迹，不仅《宋书·萧贯传》记载翔实，"唐宋八大家"之一的曾巩还写了散文《秃秃记》，郑克《折狱龟鉴》也以"受别州诉，治孙齐罪"为题，加以收录。时至今日，读此故事，仍能引起人们的很多思考。

高密人孙齐，因明法得到嘉州司法参军的职务，将其妻子杜氏留在家乡，独自去赴任。孙齐隐瞒已婚的事实，又娶周氏为妻。任职期满后回到高密，周氏才知道孙齐早有妻室，怨恨孙齐骗了她，欲告官府。孙齐用刀割断头发发誓：一定要休掉杜氏。周氏才作罢。后来，孙齐又被任命为歙州休宁县县尉，在任期间遇到妓女陈氏，又将她收纳为妻。孙齐县尉一职任期满后，又接受了抚州司法参军的任命，回高密后便与周氏分开，不再与她相见，却派人偷偷地将他与周氏所生的五岁儿子秃秃抢来，同杜氏、陈氏一起去抚州赴任。一个月后，周氏与她弟弟也来到抚州，想要进入孙齐的官署，被吏人拦住。孙齐赶来揪住周氏推搡到走廊中，拿出假造的文书说："你是我的用人，有契约为证，怎么敢如此胡作非为！"周氏以她所生的儿子为证据，到抚州府衙和江南西路转运使处诉孙，均无人理睬。孙齐害怕真相败露，就与陈氏一道，将儿子秃秃摁到水缸里活活淹死，并在住室后面墙下挖坑埋了。周氏在当地告状无门，听人说到饶州知府萧贯那里去上告，"事当白亦"，便在布衣上写明自己的籍贯、姓氏和几次告状未果的经过，一路乞讨来到江南东路的饶州，状告孙齐。此案本不属萧贯管辖，但萧贯将此案作为特殊情况处理，他迅即将孙齐抓捕归案，凿实罪状上报处斩，恰遇朝廷大赦，但还是撤销了孙齐的官职，将其流放到濠州，由地方官员加以管束。萧贯终为始而被骗，继而遭弃，亲子被害，顽强上访的弱女子周氏伸了冤。

周氏状告孙齐一案，为什么在当地就解决不了，使其成了上访案件？当然主要是涉及的县、州官员不作为所致。本来，宋代将全国分为十道，后改为路，与明清的省相似，路辖有几个州，设有转运司、提点刑狱司和提举常平司等监司机构，由中央派人任转运使、提点刑狱官、提举常平公事，负责监察州县地方官的履职情况。然而，对此案，路的转运使也没能加以救济，三级官员全都不作为。按《秃秃记》所载，周氏"告县。齐赇谢得

释。""辨于州,不直。周氏诉于江西转运使,不听。"看来,根子在于孙齐接连行贿于县、州和路的三级官吏,官吏贪赃枉法后便官官相护,使得周氏告状无门,而孙齐却逍遥法外,得以继续任职。更具讽刺意味的是如此色魔的孙齐,所任的几个职务,竟都与司法有关,鬼才相信他能做到秉公执法。

最终没有管辖权的官员萧贯,见义勇为,主动受理,才解决了此案。萧贯何以敢于超越管辖权而受理此案?郑克认为,礼所谓"无畏而恶不仁者",能做到如此,绝非出自一己之私,而世人鲜能做到。萧贯就是此类人,他疾恶如仇,敢作敢为。早在萧贯就任三司盐铁判官时,就碰到有个提举叫刘舜卿,善于捕盗,诨号"刘铁弹"。此人恃功为非作歹,前任畏惧他凶悍,不敢予以惩治。萧贯就任后,立即将刘舜卿逮捕,削职为民,除了地方一霸。面对佞巧无信、灭绝人性、弃妻杀子的孙齐,萧贯当然会怒发冲冠,当仁不让,果断受案,以求尽快还怨妇一个公道。

由此想到如今的有些上访案件,特别是久访不止的,是不是也有如上述情况一样的,当地官员收取好处,与被告者串通一气,糊弄和应付上访者,使得上访案件在当地就是得不到解决,导致上访者越级直至进京上告。因此,各级人民法院的信访窗口,要做到有案必办,有诉求必回应,让人民群众在一个个具体案件中,切实感受到法律和司法的正义与公平。对上访者一定要耐心接待,细心交谈,能够立即给予解决的,绝不转来转去推来推去；不能立即给予解决的，也要拿出方案限期解决，为上访者排忧解难送温暖，把司法为民、人民法官为人民，实实在在地落实到解决一个个上访老案上。同时，对办案中发现的官员腐败线索，也要及时转交有关的监察部门予以查处。决不能让这样的官员，再如法炮制出新的上访案件来。这应该是萧贯解决周氏上访案件所给予我们的启示。

"三原"乃刑可圈点

《三国志·张鲁传》,在 1958 年 12 月中共八届六中全会上,曾红极一时,被毛泽东主席加大段批语,印发至每个与会同志手中。

毛主席批语的全文是:我国从汉末到今一千多年,情况如天地悬隔。但是从某几点看起来,例如,贫农、下中农的一穷二白,还有某些相似。汉末北方的黄巾运动,规模极大,称为太平道。在南方,有于吉领导的群众运动,也是道教。在西方(以汉中为中心的陕南川北区域),有五斗米道。史称,五斗米道与太平道"大都相似",是一条路线的运动。又称,张鲁等行五斗米道,"民夷便乐",可见大受群众欢迎。张陵(一称张道陵,其流风余裔经千余年转化为江西龙虎山为地主阶级服务的极端反人民的张天师道,《水浒传》第一回有洪太尉误走魔鬼戏极神气的描写,一看使人神往,同志们看过了吧?)、张修、张鲁祖孙三世行五斗米道。其法,信教者出五斗米,以神道治病;置义舍(大路上的公共宿舍);吃饭不要钱(目的似乎是招来关中区域的流

民）；修治道路（以犯轻微错误的人修路）；"犯法者三原而后行刑"（以说服为主要方法）；"不置长吏，皆以祭酒为治"，祭酒"各领部众，多者为治头大祭酒"（近乎政社合一，劳武结合，但以小农经济为基础）。这几条，就是五斗米道的经济、政治纲领。中国从秦末陈涉大泽乡（徐州附近）群众暴动起，到清末义和拳运动止，两千年中，大规模的农民革命运动，几乎没有停止过。同全世界一样，中国的历史，就是一部阶级斗争史。

其实，毛主席之前还另写了个评语，比正式印发的要长些。在那个评语中，有这样的语言："道路上饭铺里吃饭不要钱，最有意思，开了我们人民公社公共食堂的先河。""现在的人民公社运动，是有我国的历史来源的。"

看过毛主席对《张鲁传》的批语，应该说对张鲁这个人就比较清楚了。据《张鲁传》记载，张鲁因其母与益州牧刘焉家的关系，被刘焉任命为"督义司马"，杀汉中太守苏固后，在汉中割据。张鲁承祖辈衣钵，任五斗米道的教主，也称"鬼道"，自称"师君"。因凡学道者就要交五斗米，所以称为五斗米道。初来学道的称"鬼卒"，接受"鬼道"后称"祭酒"，统领一定数量的部众，部众多的叫"治头大祭酒"。张鲁以"鬼道"教化人民，一切以诚信不欺诈为要。生病的人在"祭酒"面前自首自己的过错，"祭酒"再为病人请祷，写上姓名与认错服罪之意，作三通，即上天、埋地与沉水。至于"鬼道"如此治病灵否，裴松之引

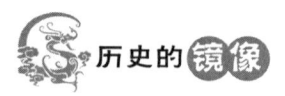

自《典略》语："实无益于治病，但为淫妄，然小人昏愚，竞共事之。"所有的"祭酒"，都要造"义舍"房屋，准备义米义肉，悬挂在驿舍，过路的人可以依自己的饭量到吃饱为止，如果太过量，"鬼道"就会使他因贪心而生病。万一作奸犯法，可以赦免三次，然后才执行刑罚。没有任何官吏的设置，老百姓都认为此法简单而乐意接受。张鲁得以"雄踞巴、汉垂三十年"。建安二十年（215）张鲁降曹操，后被拜为镇南将军，封阆中侯，次年卒。

随着时间的推移，尽管三国热一浪更比一浪高，人们也不再注意到《张鲁传》和张鲁这个人物了，因为张鲁在中国历史上，只不过是偏居一隅、雄霸一方的带有浓厚宗教色彩的地方政权的头领而已，其功绩、地位、才略，在源远流长的中华历史长河上，实在是不值得多提。

但是，细细品来，《张鲁传》还有三点很值得玩味：一是"舍群盗，列功臣，去危亡，保宗祀"。这是陈寿对张鲁的较高评价，说张鲁舍弃了群盗的身份，名列功臣之位，离去危亡，保住了宗祀；而对同样拥州据郡、各自为镇的公孙度、公孙瓒、陶谦、张杨等人，却称他们连个普通百姓都不如，没什么好评论的。东汉末年，大体有十八九个割据一方的大员，张鲁是其中一个。当时最时髦的事情，是招兵买马，攻城略地，扩大地盘，称王称霸，能当皇帝最好，实在不行也要混个什么王干干；而老百

姓的死活,是大可不必考虑的。结果神州大地,战祸连天,饿殍遍地,以致好多州郡,连百姓吃饭的问题都解决不了。而张鲁却不然,属下挖到玉印,想尊奉他为汉宁王,他坚决不干;却真心实意地在所辖区域的全境内,搞起了"路边大食堂",一日三餐免费供应,实实在在保障百姓吃饱肚子,而且居然三十年不变。只这一点,张鲁就很了不起。时至今日,个别地方大员面对保障老百姓切身利益的事情,诸如老百姓的日子过得怎么样、吃得好不好、有没有积蓄,却是推着弄、赶着整,很少下太大心思。这种状况必须得到纠正,要一切以人民利益为重,坚持急人民之所急,想人民之所想,帮人民之所需,解人民之所困,在所任职期间、所辖区域内,想尽一切办法,完善各项举措,出实招办实事求实效,千方百计地让老百姓一个不落的,都能过上幸福美满的好日子。

二是"皆教以诚信不欺诈"。诚信不欺诈,对于一个群体、一个组织、一个社会,太重要了,它是正常维系的灵魂和纽带。相反,不讲诚信满是欺诈,人与人的关系、人与组织的关系、人与社会的关系,无法保持正常有序,即使保持了一时,也保持不了长久。特别是当紧急情况发生时,更显得人们是否有诚信不欺诈品格的极端重要性。设想,张鲁办的路边"大食堂",如果人们不花钱又随便吃,再偷偷带上点,在物资尚很不丰富的当年,能维系三十年之久?有的国家遇到大地震在重灾区设立的救灾物

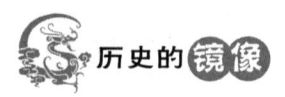

资请领处,竟无人看守,且秩序井然,全由自己随便拿,个个只拿自己需要的,绝不多拿一点点,也有点张鲁的味道,不过不是路边随便吃的"大食堂",而是路边随便拿的"大仓库"。时下有些人太过缺乏诚信不欺诈的精神了。对此,要出猛拳,要下大气力,强化以德育人、以德治国意识;要把全民道德状况的好坏,等同于或超过经济各项指标的好坏;要从儿童抓起,重在说服、训导和灌输,以情动人,重在引导、启发和劝诱,来达到个性的发展和人格的完善;要全社会、全系统、全过程来抓,要全员抓、抓全员,不见成效绝不罢休。这里讲的是教育方面的工作。同时,要抓惩处,对违反道德的人和事,特别是那些造成严重影响的行为,要严肃处理,要让当事人付出沉重的代价,使他们不敢轻易犯第二次。

三是"犯法者,三原,然后乃行刑"。张鲁对于犯法者,只有犯了三次以后,经教育还不悔改,又第四次犯法,才予以惩处。这样做好是好,但在犯罪日益增多且手段花样翻新,各地打黑除恶任务艰巨的今天,却做不到,也不能这样做。谁要是这样做了,就大有放纵犯罪包庇黑社会之嫌。但是,一个社会,也绝不是惩处犯罪越多越好、越重越好,因为一人犯罪被处罚,固然是其罪有应得,同时这个人也往往会成为社会的对立面,不仅如此,连同他的家人及亲属,也有可能成为社会的对立面。惜刑慎刑、不得以才动之以刑罚,应该是社会管理者永恒的观念。"犯

法者，三原，然后乃行刑"，对社会全体成员肯定不适用，但应该在少年犯身上适用。未成年人在成长过程中，一时失足犯了罪，主观恶性浅的，要给予其改正的机会。我们的管理者们，不妨学学张鲁，对未成年人犯罪，创新出个现代版的"三原"。

"执法一心,不敢惜死"

"执法一心,不敢惜死",是隋朝的赵绰,在与隋文帝杨坚争辩中所说的话,意思是我就算拼上身家性命,也要维护公正执法。赵绰正直刚毅,执法不阿,先是被隋文帝杨坚任命为大理丞,不久又以"处法平允,考绩连最",转大理正、刑部侍郎,直至升为大理少卿,即仅次于大理卿的最高执法官。史上对其评价甚高,《隋书·赵绰传》载:"赵绰之居大理,囹圄无怨。"即赵绰任大理少卿时,狱案没有冤枉的。

《资治通鉴》第一百七十八卷载:"刑部侍郎辛亶尝衣绯裈,俗云利官;上以为厌蛊,将斩之。绰曰:'法不当死,臣不敢奉诏。'上怒甚,曰:'卿惜辛亶而不自惜也!'命引绰斩之。绰曰:'陛下宁杀臣,不可杀辛亶。'至朝堂,解衣当斩。上使人谓绰曰:'竟何如?'对曰:'执法一心,不敢惜死。'上拂衣而入,良久,乃释之。明日谢绰,劳勉之,赐物三百段。"这段话的大意是,刑部侍郎辛亶,曾经穿过红色的裤子,世俗说法认为这样做可以官运亨通。隋文帝认为这是巫蛊邪术,要将辛亶斩首。赵绰说:"依据法律不应当处死,臣不敢按皇上的诏命办理。"文帝大怒,对赵绰说:"你爱惜辛亶的性命,难道不爱惜自己的性命吗?"于是下令把赵绰推出斩首。赵绰说:"陛下可以处死我,但不能处死辛亶。"赵绰被押到朝堂,脱去朝衣,正准备处斩时,文帝又派人对赵绰说:"你抗命的下场如何?"赵绰说:"我一心一意公正执法,因此不敢爱惜自己的性命。"文帝气得一甩衣服进入后宫,过了很长时间,才传令释放赵绰。第二天,文帝向赵绰道歉,好言慰问勉励他,赐给物品三百段。

像这样的事例,《资治通鉴》中竟接连排列了好几个。如大理寺有个赵绰的下属来旷,上告说大理寺执法官吏对囚徒量刑定罪太宽,又说大理少卿赵绰违法释放囚犯。隋文帝派人调查后,发现是诬告,非常愤怒,下令将来旷斩首。赵绰认为来旷的行为,按照法律构不成死罪,便苦苦谏诤。文帝都退入内宫了,赵绰还是苦谏不停。结果文帝让步,来旷得以免除一死,被流放广州。

又如隋文帝下令将在市场上使用假钱的两个人斩首。赵绰进谏说:"他们所犯的罪应该判处杖刑,杀掉他们不符合法律。"文帝厉声呵斥他:"不关你的事!"赵绰也不肯退避,说:"陛下既然把我安排在司法部门,您想随便杀人,怎不关我的事!"文帝说:"你撼不动大树的,应退下。"赵绰说:"我想感动苍天的心,岂只是撼动大树!"文帝说:"天子威严,你还想挫败吗?"赵

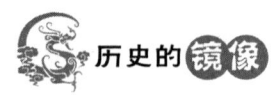

绰下拜，更加上前。后来文帝也就不再坚持将那两个人处死。

不需要再罗列更多事例了，赵绰执法的风采已跃然纸上，着实令人敬佩。赵绰为什么能够做到秉公执法不惜死？综合史料分析，根本原因在于他忠于朝廷，性格耿直，恪尽职守，把维护公正执法，当作自己的神圣事业。孟子说过，"徒法不足以自行"，即只有法令不能够使之自己发生效力。司马光《资治通鉴》第十四卷载："法者天下之公器，惟善持法者，亲疏如一，无所不行，则人莫敢有所恃而犯之也。"即法律是天下共同遵守的准绳，只有善于运用法律的人，不分关系亲疏，无所回避，这样才能使所有的人都不敢倚仗有人撑腰而触犯法律。在大力建设法治国家的当下，仍需要千万个像赵绰一样的法官、检察官，需要法官、检察官都具有秉公执法不惜死的风骨，在执法过程中，"以至公无私之心，行正大光明之事"，使法律规定、法律精神、法律实质都能落到实处，为实现国家的高度法制化，贡献自己的全部智慧与力量。

精细明察破疑案

李崇是北魏名臣,历经高祖孝文帝、世宗宣武帝、肃宗孝明帝三朝,治理过八个州郡,五次拜授都督将军,政绩显赫战功卓著。在断案方面,李崇也有过人之处。《北史·李崇传》详细记载了他以车骑将军都督江西诸军事期间断案的故事,结论为:"崇断狱精审,皆此类也。"

定州人解庆宾兄弟因犯法一同被发配扬州充军服役。弟弟解思安"背役亡归",即逃避服役,潜回老家。解庆宾怕事后服役地追捕查究,想把弟弟的名字从名籍册上注销掉,于是冒认城外一具死尸,诈称系其弟被人杀害,将尸体运回家中下葬。这具尸体的相貌很像解思安,见到的人都难辨真假。又有女巫阳氏自称见到鬼,向人们述说解思安被害时痛苦之状。解庆宾又到州里诬告同为配军的苏显甫、李盖合伙杀害了解思安。经州府审理,苏等二人受不了刑罚之苦,各自招认杀人之罪。此案即将审结,李崇因怀疑案情真伪不让结案。他密遣州内人都不认识的两个差役,自称是从外地来的,找到解庆宾告知:"我

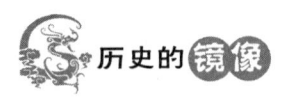

们住在北州,离你这里有三百里,最近有一个人到我们那里投宿,我们怀疑他有问题,便追问他是从什么地方来的。他说是被流配充军而逃出来的,叫解思安。当时我们打算将他送交官府,他哀求我们,称'我有兄长叫解庆宾,住扬州相国城内,嫂子姓徐,你们若是怜悯我,就去告诉他,家兄一定会有重谢,你们只管把我作为人质,若是前去什么报偿也没得到,再把我送到官府也不晚。'因此,我们来拜访你说明情况,如果你不信,可随我们前去察看。"解庆宾怅然失色,请求来者稍等一下,自己好去筹备钱财。二差役迅即将情况禀报李崇。李崇逮捕了解庆宾,解庆宾认罪招供。再审问李盖等人,他们都说自己是屈打成招。几天之后,解思安也被人绑缚送来。李崇传唤女巫来见解思安,打了她一百鞭子。

李崇对此案所以断得好,一是勇于合理怀疑。下属将此命案已经审到如此程度,有被害人的尸体,有凶犯的认罪口供,还有女巫为佐证,特别是没有任何人提出异议和反证,按说完全可以拍板定案了。但李崇却怀疑案情有假,责令不许结案。后来案情的发展证明,李崇的怀疑是对的。看来,敢于怀疑,多几个疑问,对于办实案件是至关重要的。

二是善于察言观色。所谓察言观色,就是通过观察别人的说话和脸色,揣摩别人的心意,语出自《论语·颜渊》:"夫达也者,质直而好义,察言而观色,虑以下人。"即品质正直,遇

事做得合情理，善于分析别人的话语，观察别人的颜色，每每考虑到谦让，不居于别人之上。此案得以真相大白，很大程度上是李崇运用察言观色的本事获得的。还有一案，更说明问题。寿春县人苟泰三岁的儿子，遇强盗时丢失了。数年后发现孩子在同县人赵奉伯家里。苟泰便状告赵奉伯，欲讨回儿子。苟泰与赵奉伯都申言孩子是自己的，并都有邻居为证。郡、县官员不能决断，将案件上报李崇。李崇令苟、赵两人与那小孩子分开，将小孩子单独隔离了几十天，然后派人分别告诉苟、赵二人说："你儿患病，不久前突然死亡，现在你们可以去办理后事了。"苟泰听后放声大哭，悲痛不已；赵奉伯只是叹息，没有特别悲痛之意。李崇立即把孩子判给了苟泰，并追究赵奉伯的欺诈行为。赵奉伯如实招供："我以前也丢失了一个儿子，便冒认了这个孩子来顶替。"

三是恰当使用诈术。光对案情有怀疑还不够，还要有招数来查清疑点。李崇的办法就是使诈，以套出解庆宾的实情。笔者分析，李崇认为既然解思安已逃回，一定不敢躲在家中，必然逃往外地。基于以上考虑，李崇叫人以在外地遇见解思安为由，来诈解庆宾合情合理，解庆宾必信无疑。

看来，办理刑事大要案，尤其是命案，一定要多思考、多质疑，这是对付狡猾的犯罪分子、与他们斗智斗勇的常用方法，也是揭穿谎言、把案件办实的有效工具，更是不放过任何蛛丝马迹，不轻信嫌疑人口供的必然要求。要采取切实措施和手段，去查清所有疑点。当然，还要提高分析判断能力，证据充分当断则断。

以倡导孝心来平息讼争

"长抱罔极痛,嗟余少不天。汝今幸有母,不省汝胡然。"诗的大意是,我长久地怀念父母无穷的恩德,可叹不为天所庇佑父母都已故去。你今天有幸母亲还健在,不知何故而不尽孝道。这是宋代诗人林同所作《贤者之孝二百四十首》之《韦景骏》,对其以倡导孝心来平息争讼大加赞扬。

韦景骏,唐朝人,历任肥乡县、贵乡县的县令,房州刺史。他为贵乡县令时,县里有一家母子俩互相告状,官司闹到了县衙。韦景骏对他们母子俩说:"我年轻时失去双亲,每每看到别人赡养父母时,自恨终身再无侍奉双亲的缘分。你如今有幸处在冬温夏凉、侍奉母亲的佳境,怎么能不尽孝呢?这说明在县里,以德善施、惠及众人的事情还没有得到推行,这是我县令的罪过呀!"说完垂泪呜咽,随即取出本《孝经》交给他们母子,让他们诵读。母子二人被深深感动,从此各自悔过改错,成为全县"母慈子孝"的楷模。

对这起家庭内部、母子之间的讼争,韦景骏之所以处理得

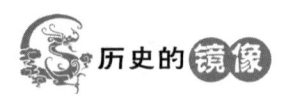

好,一是没有单纯就案情说案情,争论谁是谁非、责任大小,而是以《孝经》为宗旨为统领,以"母慈子孝"来检视母子俩的道德水准,启发他们自我反省自我悔悟。二是不仅没有指责他们母子俩的错误,反而进行深刻的自责,从这件讼争说起,检讨在全县实施德育,倡导为善,家庭和睦,社会安定方面的不足,且又态度真诚情感细腻,母子二人又怎能不受感动?

读过《旧唐书·韦景骏传》,发现韦景骏不仅案件办得好,还是个爱民众、民众爱的著名循吏,到哪里任职,都一心为民众做实事做好事。任肥乡县令期间,县的北界是漳水,连年泛滥。旧的河堤接近于河流湍急之处,虽然不停地修筑,但溃堤不断。韦景骏察看水流地势,把南岸河堤后退了几里,将河堤筑得高高的。洪水到来,堤南便再无水患,水退去以后堤北也可称为丰腴的田地。漳水上过去有用木柱支撑的长桥,每年洪水过后都要加以修葺,韦景骏又将其改造为浮桥,既方便往来又免去了费力修缮之苦。黄河以北地区发生饥荒时,韦景骏亲自安抚全境百姓,村庄里巷间必尽互通赡养抚恤的责任,使贫困弱小的人们都能免除流离之苦。韦景骏离任时,当地百姓与官吏为他立碑颂德。

韦景骏升任房州刺史后,发现房州被四面山谷环绕,较为贫困,少数民族又喜欢多设祠庙进行祭祀活动,而不愿意修建学校教授儿童。韦景骏耐心做老百姓的说服工作,建立贡举制度,修建学堂,逐步把不合礼制的祭祀活动砍掉,将狭窄的道路开辟拓

展使其通畅,并建造旅馆,方便来往客商。很快就改变了房州的面貌。

多年以后,韦景骏赴任途中路过肥乡县,老百姓与官吏都非常欣喜,竞相挽留款待他,不让他早早离去。有几个小孩子,年龄刚刚十多岁,也挤在人群中,韦景骏对他们说:"算起来我在这儿做县令时,你们还没有出生呢,没有昔日的恩情,怎么这样热情殷切?"小孩子们都回答说:"我们这儿的长辈们说过,县里的官舍、学堂、客馆、堤桥,都是明公您的功绩。我们还以为您是一位古人,没料到能够亲眼见到,更感到无比的高兴。"韦景骏就是这样被百姓们思念和爱戴的。

韦景骏搬出十三经之一且唯一由皇帝(唐玄宗)注释的儒家经典《孝经》,以"母慈子孝,天经地义,民必行之"为论点,来开导反目讼争的母子俩,取得了极佳的社会效果。其断案的思路和做法,很值得今天的法官们效法与借鉴。不是一家人,不进一家门。处理家庭内部纷争,应以调解为主,以和为贵,以不伤和气、不撕破脸面为要旨,提倡都让一步为好,相互忍让,大事化小,小事化了,以求和好如初。每一个小家的和和睦睦,是社会大家庭安定和谐的基石,负有审理这方面纠纷职责的法官们,担子不轻,责任重大,须奋力前行啊!

"亏法取威"不可取

"亏法取威"一词,出自《隋书·刘行本传》,指的是以损害法律为代价,来树立个人的权威。

《刘行本传》载:"雍州别驾元肇言于上曰:'有一州吏,受人馈钱三百文,依律合杖一百。然臣下车之始,与其为约。此吏故违,请加徒一年。'行本驳之曰:'律令之行,并发明诏,与民约束。今肇乃敢重其教命,轻忽宪章。欲申己言之必行,忘朝廷之大信,亏法取威,非人臣之礼。'上嘉之,赐绢百匹。"

上文说的是:雍州别驾(州刺史的佐官,因地位较高,刺史出行时,别乘驿车随行,故名)元肇对皇上隋文帝说:"有一个州官,接受别人馈赠的三百文钱,按法律应打一百棍子。但我刚到雍州时,就与他们约好不许有贪污行为。这个官吏故意违反,请加他一年徒刑。"刘行本反驳他说:"法律已经推行了,皇上又下了诏书,这就是给全国官民的约束。如今元肇胆敢看重自己的教命,而轻视法律;想表明自己的话一定要执行,忘记了朝廷和法律的大信誉,损害法律自取威严,这不是人臣应

守的礼法。"皇上嘉奖刘行本,赐他一百匹绢。

古代官吏"亏法取威",可以说屡见不鲜,从表现形态来看,无非呈现两种情况:一是法外加码,无视法律的存在,而随意加重对下属和人犯的处罚;一是法外开恩,在法律规定之外,对下属和人犯予以"关照"。别驾元肇的言行,就是欲法外加码,在法律规定之外再去加重处罚受贿的官吏。之所以不可取,就在于它违法了国家法律的规定,降低了法律法规的规范作用。当社会上某个人的行为已经触犯了法律,却不能按照法律规定来加以评价,而是在法律之外还有什么评判标准的话,诸如元肇式的训话等,那么国家制定法律的指引、评价、教育,甚至强制作用都会受到损害而有所降低。刘行本正是看到这一点,才进谏皇上,制止了元肇无视法律、法外加码、为己树威的行为。

刘行本之所以能有如此深邃的见地,是他早年刻苦读书的结果。他常以背诵经典为乐,聚精会神看书,忘记了疲劳与饥饿。虽然穿衣吃饭都时有缺乏,但他仍是一如既往,积累了丰富的学识。另外,他身上还有两大优点:一是清廉正直。刘行本以治书侍御史身份兼任大兴县令,一身正气,法令清简,为民谋利。权贵们都惧怕刘行本的正直,没有人敢到他的县衙和官邸行不地道的苟且之事,原来该县盛行的请托办事之路断绝了,官吏、百姓都很敬重他。二是刚烈不屈。隋文帝杨坚征拜刘行本为谏议大夫,治书侍御史,不久又升其为黄门侍郎。皇帝曾向一个郎官发

怒,在殿前用竹板子打他。刘行本劝谏说:"这个人向来高洁,其过失又很小,望陛下稍加宽容他。"皇帝不理睬。于是刘行本就站到皇帝面前说:"陛下不认为臣不正派,安排臣在身边,臣所说的并非是私事,如果臣说得对,陛下怎能够不听?如果臣说错了,应当交给法官,以申明国法,岂能轻视臣而不理睬!"于是把朝笏放在地上而退下去了,皇帝马上郑重其事地向刘行本道歉,也原谅了那名郎官。

时至今日,"亏法取威"的现象,在一些地方和单位中,还是有所存在的,只不过表现形态变了变样子而已。最为常见的是,个别领导干部脱离客观实际,无视党规国法的约束,拍脑门决策,拍胸脯表态,什么狠话大话直至假话,都敢往外甩,以捞取个人威望,取悦上级领导,欺骗广大民众,最后无法兑现"慷慨诺言",往往就拍屁股走人了事。要净化从政环境,不能给这种法外加码、自设规矩、大话唬人的个别领导干部,留有任何可以发挥的时空,更要提倡和树立少说大话,多干实事,一心为公,热情为民的好榜样。要切记一名领导干部的威望与威信,是靠崇高人格与实干实绩拼出来的,而不是靠无视法纪甚至诋毁法纪,吹牛皮说大话唬出来的。

博闻多识可辨诬

古时所谓"辨诬",即辨明诬告陷害案件,还被诬告者以清白,使诬告者受到严惩。要能够迅速辨诬,众多典籍开出的方子有多种,执法者博闻多识是必需的。宋代《折狱龟鉴》"辨诬"载:"盖辨诬之术,惟博闻深察,不可欺惑,乃能精焉。"

《晋书·苻融传》载,十六国时期前秦将领苻融,历任征南大将军、录尚书事、相国,颇有文韬武略,料理内外政务,整顿刑法军令,政绩显赫,尤其善于断案,曾迅速破解一起捉贼反被诬成贼的案件,被传为佳话。《折狱龟鉴》对此案也有记述。苻融任冀州牧的时候,一个老妇在路上被抢劫,她连声高喊"捉强盗呀!"有个过路的人闻声追赶,替她把强盗捉住了。谁知强盗反咬一口,诬赖这个过路的人是强盗,当时天色已经很黑,老妇人和围观者谁也分不清他俩之中哪个是强盗,于是便将他俩一起扭送到官府那里去。苻融看见他们就笑着说:"这事很容易搞清楚,可让两个人赛跑,先出凤阳门的就不是强盗。"他俩跑完后又被带回到州衙门里来,苻融就严肃地对那个后跑出凤阳门的人

说:"你才是真正的强盗,为什么要诬赖别人呢!"强盗于是叩头认罪。

苻融所以能分分钟就把此案破解,是因为他相信强盗如果跑得快,就不会被路人捉住,跑得不快的那个人必然是真正的强盗。看似道理很浅显,带有常识性,但也不是谁都明白的,没有一定的生活积累和储备,没有对人对事的细心琢磨和研判的功夫,也是获取不到的。《折狱龟鉴》记载邴吉的故事,更印证了这一点。

汉代邴吉为廷尉右监时,陈留县有一80多岁的老翁,与前妻生有一女儿,早已嫁人,娶后妻又生一儿子。老翁去世后,因家境富裕,幼子才几岁,前妻女儿便欲夺其全部家产,遂诬告后妻所生"非我父之子"。郡、县官均不能决断。邴吉说:"我听说老人生子不耐寒。"时正值深秋,邴吉叫来几名同岁儿童与老翁之子均穿单衣,唯有老翁之子畏寒变色。邴吉遂判定家产财物归后母之子所有,前妻女儿承认诬告后母之罪。

古人认为,男子年老精衰,生子必然体弱畏寒。这在当时可能是个常识,人们都认可这个理儿,但不上心也是不会知道的。只有博采众闻,用心收集,熟记于心,才能在关键时刻派上用场。

时至今天,政法干部似乎要做到"博闻多识"并不很难,客观上能为人们提供学习和思考的载体太过丰富了,书籍、网络、

软件、案例，可以说是无所不有、应有尽有，关键是要做个有心人，广泛涉猎，善于积累，达到闻多而识广，且能自如地运用到办案实践中来。除了传统的、历史的各方面的常识、人情等知识，以往中外司法案例中能够提供的知识以外，特别要重视新媒体所呈现出来的、日新月异的新知识、新语言、新符号，在这方面丝毫也不能落在年轻人的后面。要做到会使用新电子产品，会下载新软件，听得懂网络的新语言。最近"快手"的一个主播，创造出表示给力、加油意思的新词"奥利给"，很是流行，连央视主播康辉在"胖五"升天后，都说"中国航天，奥利给！"不了解和掌握这些新东西、新知识，就会在处理相关案件中闹出笑话，甚至出现错误有失公平与正义。这样要求好像很难做到，不过必须要做到。法官是为他人断案的，知识与常识的储备不够厚实不够丰富，怎么能成？"活到老，学到老，改造到老"，周总理的这句名言，适合于当今的所有法官。为国家的法治建设大厦添砖加瓦，让"学而不倦，博闻多识"成为每一名司法工作者毕生的追求。

"不以为例"必致"交兴怨讟"

"不以为例",可能就是成语"下不为例"的出处。在网络上搜索,"下不为例"出自两处:一是明代余继登的《曲故纪闻》:"此人子之至情,予以移封,后不为例。"二是清代张春帆的《宦海》:"既然如此,只此一次,下不为例如何?"我倒觉得更早出现此语的是《晋书·范坚传》:"不以为例,交兴怨讟。"这里的"讟"字比较生僻,与"读"字同音,《说文解字》解释意为"痛怨也"。如《北史·崔挺传》载:"主昏于上,人讟于下。"《范坚传》的那八个字,大意是如果搞下不为例,必然引起无穷的怨愤。

据《晋书·范坚传》记载,东晋成帝时,廷尉奏报:殿中管理宫中物资的官吏邵广,盗窃了库里的帐幔三张,约合布三十匹,被查获后依律当斩。邵广有两个儿子,邵宗十三岁,邵云十一岁。两个孩子手举黄旗,到朝堂击打"登闻鼓"(即民间所谓"击鼓鸣冤"),乞求官府法外开恩,宁愿将他哥俩儿罚作奴隶,以赎取父亲的活命。尚书郎朱映认为,天下做父母的,有儿子的多，没儿子的少，倘若准许这种替父顶罪的行为，以后就会形成惯例或制度。死刑的威慑作用，必然受到极大削减。尚书右丞范坚赞同朱暎的观点。

然而，此案到此并没有结束，围绕是否准许邵广两个儿子的请求，朝廷大员们展开了激烈争论。有人提出，将邵广由死刑改为五年徒刑，将他的两个儿子收入宫中为奴，这样既足以惩治犯罪，又能使百姓明白父慈子孝的父子之道，领悟圣朝提倡仁孝、施恩于孝的良苦用心。但此案的处理办法只作为特例，而"不为永制"。

范坚则反对上述意见，并系统陈述了不能这样做的理由，他的有些论点即使拿到今天来审视，也仍然是立得住的。

一是"刑之所以止刑，杀之所以止杀。虽时有赦过宥罪，议狱缓死，未有行小不忍而轻易典刑也"。即刑罚的使用不只是为了惩罚，而是为了少用甚至不用刑罚；死刑的判处，不只是为了杀人，而更重要的是为了少用甚至不用死刑。尽管国家有时也施恩赦罪，减缓死刑，可却并没有因为一点小小的恻隐之心，就轻易废弛国家典刑的。

二是这次既然允许了邵宗、邵云的请求，宽免了他们父亲的死刑，倘若以后出现了与此类似的情况，但儿子没有提出舍己赎父的请求，这将置儿子们于何地呢？他们岂不是被人们视为没有人伦孝顺之心的禽兽了吗？

三是"不为永制"的观点站不住脚。国家的律法制度,关乎兴衰成败,对些小之事尚要谨慎对待,何况是国家法治,不能做出有损律法之事。现在无视律令,宽宥了邵广,然而天下子女都有爱父爱母之心,谁又能比邵宗、邵云差呢?今天陛下允准了邵家兄弟的请求,来日有人继起效仿,能不准予吗?难道后继效仿者不是陛下的百姓吗?所以,所谓"不为永制"之说,根本就不靠谱。

四是结论:"不以为例,交兴怨讟。此为施一恩于今,而开万怨于后也。"即搞一次"下不为例",必然会引起无穷的怨愤。这正是施舍一个小小的恩典于今天,却留下千千万万的怨愤于今后。

晋成帝最终听从了范坚意见,下旨处邵广死刑。

今天在执法执纪过程中,可以肯定地说,对于那些严重的违法违纪行为,有关的执法执纪部门及领导干部,没有再搞"下不为例"的了。但是,对于那些轻微的违法违纪行为的当事者,包括有违"四风"和"八项规定"的人和事,有些领导干部和相关部门,恐怕仍会有以一句"下不为例"而草草了事,不去依法依规做出应有的严肃处理的,以为这样做既使当事者受到了一定的教育,又不失掉感情与和气,有利于今后的工作开展。岂不知,这是好心办坏事,在刚性的法纪规矩面前开了一个口子,搞了一次例外,必然乱了规矩,毁了原则,最终失掉了底线。以后再想对类似轻微的违法违纪行为,严格依法依纪办理,就会变得很难很难。因为很简单,涉事的当事人会要求享受"同等待遇",也以"下不为例"来了结。法纪规矩从来都是刚性的,来不得任何变通,从来就没有"通融"二字,哪怕是一次也不可以,搞"下不为例"的本质,就是违规不究,违纪不罚,违法不惩。这也是坚决贯彻习近平总书记关于查处不收敛不收手的违法违纪问题,"要把'严'的主基调长期坚持下去"[1]讲话精神的应有之义。切记,党员领导干部都不能逾越法纪规矩而行事,都没有权力以"下不为例"来处理任何违法违纪的人和事。

---

[1] 引自2020年1月13日,习近平总书记在十九届中央纪委四次全会上的重要讲话。

吉翰应对请托说情者有绝招

吉翰，南朝宋武帝刘裕、宋文帝刘义隆时期的重臣，官至龙骧将军，徐州刺史，督徐州、兖州及豫州的梁郡诸军事，为官十几年，清廉严谨，刚正不阿，政绩显赫，深得朝廷信任、下属敬服和民众拥戴。《南史·吉翰传》，记载他处理为死囚犯请托说情的一个鲜活故事，更是让人印象深刻。

吉翰任徐州刺史时，狱里关押了一个犯死罪的囚犯，典签（官职名称，南朝地方长官之下掌管典掌机要的官吏，即为处理文书的小吏，因当时府州衙门论事都用签，皆由典签掌管，南朝宋、齐设立典签，至隋、唐朝都有，宋朝后废除）想救那个死囚一命，就去刺史处向吉翰呈书求情。吉翰看完呈文后，告诉典签说："今天你暂且回去，明天可再来报告此事。"第二天典签不敢再到刺史处，吉翰喊了几次典签才进去。吉翰看过典签头一天的呈文，对典签说："卿意当欲宥此囚死命。昨于斋坐见其事，亦有心活之。但此囚罪重，不可全贷，既欲加恩，卿便当代任其罪。"这段话说的是，你的意思是要宽宥这个死囚，昨天我看到关于这个死囚的案情，心里也想救他不死，但他罪行严重，不能全赦免。既然你要施恩于他，你可以替他伏罪！吉翰说完就命令左右拿下典签投进监狱杀了，也原宥了那个囚犯的死罪。打这以后，再也没有什么人敢到吉翰那里去请托求情了。

吉翰直接将请托说情者杀掉的做法，也太过生猛了，显然不适合今天的法治社会了，不过它对于其他还想着搞请托说情之人的巨大震慑作用，还是给人留下了极其深刻的印象，这也是笔者今天唠起这一话题的原因。看来，让请托说情者受到严惩，使其不敢不能不想再来第二次，也使他人受到警示，不敢步其后尘，是制止官场请托说情风的最为有效的办法之一。

应该说，官场上在干部任用方面，尤其是政法口在处理案件方面，为当事人请托说情，无非是欲有案不办、大案轻办、轻案重处、阻碍办案，等等，一直都屡禁不止。党的十八大以后，情况好转了许多，但客观地讲仍没有能够根绝此风。尽管一些部门为抵制请托说情风，出台诸如言语抵制、登记抵制、内部抵制、公开抵制、说情报告制度等，但都略显偏软，起不到一剑封喉的效果，不足以刹住此风。导致请托说情者违纪的成本过低，拿人好处说了就说了，管用了更好，不管用就当白说，白说谁不说，反正也没人真管真问，更没人给予严厉的处罚。因此，要加大对请托说情行为的惩治力度、曝光力度、打击力度，使请托说情者无处遁形。借鉴反贪构建不敢腐、不能腐、不想腐机制的实践，

让其由说不起到不敢说、不能说直至不想说。什么样的制度措施能收到如此效果?那就像吉翰一样,狠起来硬起来,凡党员领导干部一旦替人请托说情,要么开除党籍,要么免职,要么查办,且无论做出何种处罚,一律公开曝光,使其彻底丧失再次犯错的条件。当然也要加大惩处政法机关内部接受请托说情,胆敢违法办案的执法人员,该开除开除,该处罚处罚。这样对说情者、接受说情者,两头都要严厉惩处,持久发力绝不手软,就能从源头上杜绝官场上请托说情风的盛行。风清气正的政风、严格依法办案的正义之风,就会犹如温暖的春风扑面而来。

孟尝与"珠还合浦"

孟尝,东汉时为合浦郡太守。当时的合浦郡,所辖区域西起广西的钦州,北至容县,东至广东的阳江、新兴,包括整个雷州半岛,几乎相当于现今的一个省,与更靠西南的交趾郡相邻。合浦郡海域宽广,盛产珠宝。后因乱采滥挖,生态环境遭到严重破坏,导致珍珠贝类和珠母贝类软体动物,纷纷迁徙至交趾郡海域中。孟尝到任后革除前弊,大力整治环境,使得珍珠又复还合浦海域。为此,留下了"珠还合浦"这句成语。明代程登吉编写的启蒙课本《幼学琼林》也载:"孟尝廉洁,合浦还珠。"

合浦郡历来不产五谷杂粮,但濒临一碧万顷的大海,盛产优质的海水珍珠,号称中国的"南珠之乡",又是汉代海上丝绸之路的始发港之一。老百姓靠在大海中采撷珍珠,卖给远道而来的中原、交趾及南亚各国的客商,换取粮食、布匹和其他日常生活用品,日子过得满滋润,堪称富庶之乡。后来,因朝廷委派来的郡守,大多是贪赃枉法之辈,他们使出各种招数,诱使和逼迫珠民们无休无止无限度地下海采撷珍珠,凡采到的珍珠,都要送

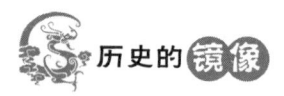

到太守衙门任其挑选,好的留下,差的拿走,弄得珠民们苦不堪言。海底的珠蚌群好像也晓得害怕断子绝孙一样,纷纷游逃到交趾郡海域中去了,使得合浦的海底珍珠资源日渐枯竭。结果,中原、交趾和南亚的商人们,见无珍珠可买无利可图,都不来合浦做生意了。闹得老百姓人和牲畜都没有吃的,穷苦人饿死在道边的比比皆是。

孟尝到任后,大刀阔斧地推行了兴利除弊的政治和经济改革措施:整肃吏治,遏制和惩处那些无偿贪占珠民珍珠的吏员;减轻珠税,鼓励百姓有节制地采撷珍珠,空足养蚌期间,严禁狂采滥捕;解除前任郡守和奸商为垄断市场而对珍珠贸易实施的种种限制与禁令,重新开放自由竞争的珍珠贸易。这些改革措施推行不到一年的工夫,便立见成效,不仅全郡上下政通人和,就连游逃到交趾海域的珍珠蚌群,都纷纷迁徙回到了合浦海域。当地珠民恢复了驾船出海采撷珍珠的营生,中原、交趾和南亚的客商们,见又有珍珠生意可做有利可图,纷纷又携带着粮食、布匹等生活日用货物,拥到合浦来做生意。合浦以珍珠经营为支柱的经济迅速复苏,老百姓又过上了以往那样丰衣足食的好日子,合浦郡重新成为富庶之乡。孟尝也因此而被百姓们奉为神明。

孟尝何以能如此?《后汉书·循吏列传·孟尝传》记载的三件事给出了答案:一是孟尝具有是非分明,主持正义的品性。孟尝在家乡上虞郡任户曹吏时,郡中有一寡妇,奉养婆母至终老,却被小姑子一纸诉状告上县衙，诬陷寡妇嫂嫂投毒害死了婆母。县令是非不分，将寡妇抓来问罪。孟尝先后求见县令与太守，希望能秉公明断，莫让好人沉冤，并于衙门外痛哭请求，但县令与太守都没有理会孟尝，寡妇最终含冤而死。于是孟尝辞官而去。新太守到任，得知寡妇冤情，重新审理此案。孟尝向新太守详细陈述了案子的情况。新太守拘押提审了诬陷嫂嫂的小姑，让其受到了应有的惩罚，并当众宣布给冤死的寡妇平反。

二是孟尝爱民护民，深得民心。孟尝因病上疏辞去合浦郡守，朝廷征召他返回京师，官吏百姓抓住孟尝的车子恳求他留下。孟尝在白天竟没法走出郡去，只得在夜间乘坐百姓的渔船偷偷地离开。孟尝辞官后一无所有，隐居在僻静的水边，耕田做工过活。邻县的士人百姓仰慕他的高尚道德，搬来和他相邻居住的竟有一百多家。

三是孟尝居功不显，甘于清贫。汉桓帝时，孟尝的一位同乡尚书杨乔，先后七次上疏举荐孟尝，盛赞"孟尝安于修身养性，传播仁义，爱好道德修炼，清廉脱俗，爱国爱民，才能超群，出任合浦郡太守时移风易俗，令去珠复还，让饥民丰衣足食之后，面对诱人的珍珠，不存丝毫贪念，不张扬自己的功德，辞官后隐匿自己，躬耕僻壤，甘于清贫，是个难得的贤人，建议朝廷予以重用"。但孟尝始终未被朝廷再次起用，七十岁时病逝于家中。唐代王勃在他的名篇《滕王阁序》中感叹："孟尝高洁，空余报

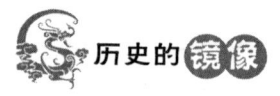

国之情!"

孟尝是不是自古以来最早重视生态环境建设的,已不得而知,但从他的实践来看,他已经对此认识到位。生物种的消失,是生态环境破坏的重要表现之一,原因无非是对资源过分开发,导致环境污染。珍珠长在珍珠贝类和珠母贝类软体动物体内,你这里的海水环境变坏,当然就会游向更适合其生长的海域了。正因为有如此见识,他实行的措施又得力,从治理官吏贪腐入手,消除压在珠民身上的沉重负担,进而杜绝珠民毫无节制地乱采滥挖,保证海底的珍珠得以正常生存和生长,从而全面改善郡域的政治、经济、贸易环境,还合浦郡一个"富裕之乡"的本来面目。一千九百多年前,孟尝的认识与实践,仍值得今天的官员们去学习与效法!

大度蒋琬得理容人

三国蜀汉诸葛亮去世后,因刚刚失去元帅,上下的官吏都危急恐惧。蒋琬,作为诸葛亮指定的接班人,蜀汉尚书令,才能品德出众,处于比同僚们更为重要的位置。他既无愁容,也无喜色,神情专一,举动自如,与平常完全一样。因此,他渐渐得到大家的信任和敬佩,很快安定了人心,挽救了蜀汉王朝的一场危机。

蒋琬在政治上"承诸葛之成规,因循而不革",维持了政局的安定;军事上转攻为守,获得了难得的发展时机,保存了蜀汉国力;并且逐渐让渡一部分权力,给诸葛亮指定的另外一位接班人费祎,使后来蒋、费之间的权力交接自然稳妥,保持了蜀汉政权的连续性和稳定性。可以说,蜀汉政权长期得以延续,蒋琬承上启下功不可没,这其中他个人的爱憎符合道义,魅力凝聚人心,尤其是心胸大度容人容事,待人虚怀若谷,不计较个人恩怨,是个重要因素。

《三国志·蒋琬传》载,蒋琬执政中,有个别大臣对他不恭、

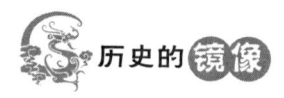

甚至说他无能,他既不生气也不追究,"宰相肚里能撑船"。有三件事很是让人感动:一是东曹掾杨戏性格向来简略,蒋琬同他谈话,他有时不应不答。有人在蒋琬面前诬陷他,说:"您与杨戏讲话而他不答理,其傲慢上级,不是太过分了吗!"蒋琬回答说:"各人心性不一样,就像人的容貌有差异,当面应承背后非议,这是古人告诫人们应注意的事。杨戏想要赞成我,但不是他的本心,想要不赞成我,又怕暴露我的不是,所以默然不应,这正是他的诚实之处啊!"

二是督农杨敏曾经毁谤蒋琬说:"做事昏昏然,确实不如前人。"有人把此话报告蒋琬,请求追究此事处理杨敏。蒋琬说:"我确实不如前人,没什么可追究的。"主管官员又建议蒋琬去责问杨敏说他昏昏然的情状。蒋琬说:"如果不如前人,则处事不合理,处事不合理,则昏昏然。还有什么好问的呢?"

三是后来杨敏因别的事情获罪,被关押在狱中,大家都担心他必死无疑,而蒋琬心中不存成见,丝毫不计较个人的亲疏恩怨,公正处理此案,使杨敏罚当其罪免受重罚。

"有容,德乃大。"(《尚书·君陈》)即有忍让宽容的胸怀,德行才能广大。蒋琬的大度,来源于他的厚德;大度又使他的德行愈加光彩照人,很值得今天的各级领导干部效法。道理很简单,因为任何地方与单位,在众多的下属中,肯定有各种各样不同性格的人,大家的处世方式、工作能力都不可能相同,这就需

要领导干部有宽宏大度的心胸,能够容纳各类人的不同,从而赢得下属之心,获得大家的认可与信任。苏联著名教育理论家苏霍姆林斯基就说过:"有时宽容引起的道德震动比惩罚更强烈。"朱德委员长更是教导说:"腹中天地宽,常有渡人船。"可以说,胸怀宽广包容大度,是领导者必须具备的特质,它包括容人之短、容人反对、容人之长等,其中"容人反对"说起来容易真正做到却很难。从心理学角度看,往往人们包括各级领导者,都会多多少少有点以自我为中心的倾向,都常常相信自己比别人更正确。在这种情形之下,要听进反对的声音、批评自己的声音,确实需要克服很大的心理障碍。最关键的是要做到事业为重,心底无私,虚怀若谷,严于律己。正像美国著名心理学教授塞德兹说的那样:"所谓完善的人,就是心胸宽广,富有献身和牺牲精神,誓为全人类的幸福而努力奋斗的人。"这就需要严格要求自己,尊重客观规律和规章制度;正确认识自己,有自知之明与知人之明,能看到自己的不足,更能看到别人的长处;要勇于承认错误,承当责任,千万不能动辄功劳归自己、责任推他人。

历史的镜像

"布衣"宰相李愚

李愚,字子晦,出生于唐朝末年的动荡时期,经历了唐朝、后梁、后唐三个朝代,后唐时期官至宰相。尽管后唐只延续了十几年,李愚担任宰相也不到十年时间,但他做官清廉,秉公尽职,直言敢谏,刚正不阿,是后唐出现"政皆中道,时亦小康"中兴局面的助推者,堪称乱世中难得的一位贤相。

《旧五代史·李愚传》载:"愚初不治第,既命为相,官借延宾馆居之。尝有疾,诏近臣宣谕,延之中堂,设席惟管秸,使人言之,明宗特赐帷帐茵褥。"(《职官分纪》云:长兴四年,愚病,明宗遣中使宣问。愚所居寝室,萧然四壁,病榻弊毡而已。中使具言其事,帝曰:"宰相月俸几何?而委顿如此。"诏赐绢百匹、钱百千、帷帐什物一十三事。)

上文说的是,李愚生活十分俭朴,以身作则。被封为宰相后,不是急着为自己建造相府大宅,而是借住于馆驿,被朝野人士称之为"布衣"宰相。有一次,李愚得病时,后唐明宗李亶派近臣前去探视问候,看见李愚的屋里四壁根本就没有什么装饰,

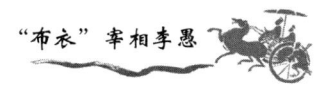

病床上也仅仅是一条破毯子，官宦之家常见的雕梁画栋、锦衣绸缎、山珍海味，在李愚家里一点儿也见不到，回去后便向李亶如实回报。后唐明宗听了很受感动，下诏赐李愚绢100匹、钱10万、床上的铺陈之物13件。

然而，李愚却为解决朝政弊端、解除百姓疾苦奔走呼号，辅佐后唐明宗改革了后唐庄宗时的诸多弊政，如撤销了"诸道盐运使、内勾司、租庸院大程官"等一些有名无实、可有可无的机构。在检查耕地时，发现各州县官吏敲诈勒索、欺压百姓的现象很多，在整肃吏治的同时，采取了一些利民措施，如颁布敕令："州府不得科率百姓"，废除"纽配""省耗"等变相增加的税赋，对高利贷的盘剥，也下令加以限制。这些改革措施，有力地推动了当时社会的发展，使得后唐明宗在位的近十年里，是五代五六十年中最安康、老百姓得实惠最多的一段时期。

李愚处事公允，不惧强权。早在李愚为后梁左拾遗（官名，负责监察一类工作）时，晋州节度使华温琪在任期间，违法乱纪聚敛民财，没收一户老百姓的家财，被这家人告到朝廷。朝廷派人查办，证据确凿，李愚要按律治罪。后梁末帝念华温琪是后梁政权草创时期的大臣，不忍责罚，急召李愚说："朕若不予追究，会说我不把百姓当回事；若按法律行事，会说我不念及功臣。当你们的君主不也是很为难吗？华温琪所得赃物，由官府代为偿还给告状的老百姓。"但李愚还是据理力争，使华温琪受到应有惩

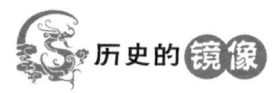

罚。

明代江东伟《芙蓉镜寓言》有段话:"士大夫清廉,便是七分人了。盖公忠仁明,皆自此生。"清廉是做人为官的基础,基础不牢,地动山摇。古人早就有"至论不如清"(出自唐代诗人杜荀鹤《送人宰吴县》)的论述,说的是任何美好与高明的言论都不如为官清正廉洁。有了清廉做保底,为官应具备的种种美德,诸如公正公平,爱民为民,敢于担当,洞察秋毫,等等,就会油然而生。李愚正是以"布衣宰相廉洁情"垫底,派生出其他种种为政为民的美好行为的。有了清廉做保底,为官也才不至于为自己为家庭为积财,最终走到邪路上去。为官如能做到如此,虽然《芙蓉镜寓言》说才算得上是七分人,其实已经是得了满分,"七分人"在这里就等同于"十分人"。作为一名党员领导干部,最重要的是以平常之心态,甘当普通人,耐得住寂寞与清贫,任何情况下都不搞行贿受贿,凭真才实学去打拼,以踏实干成事为荣,保住自己的人格底线,先讨得算个"七分人"的美誉,再去争取另外的"三分人"。正如有个名联所说:"清廉便算七分人,公生明要到十分地步。"宋代哲学家邵雍的诗作《十分吟》也称:"所谓十分人,须有十分真。"党员领导干部都须先当个"七分人",在此基础上再去努力争取当个"十分人"。

法官要学会"说话"

话,谁都会说,但说能解决问题的话不易;作为法官,说能案结事了的话,更不容易。有些法官,尽管法言法语说得明白,但不大会讲老百姓听得懂的语言,即通常所说的大道理和小道理,这样当事人怎么能接受法院的裁判,又怎么能服判息诉呢?从这个意义上讲,要提倡法官学说话、会说话,以解决"说不清"的问题,解决由于说不清而导致案结事不了的问题。眼下电视正热播新版《三国》,蜀国特使邓芝,就特别会说话,他奉命出使吴国,成功说服孙权与蜀国联盟,共同抗击曹魏。这个故事,对于如何学会说话很有启示。

公元223年,蜀、吴爆发夷陵大战,蜀军大败,刘备死亡,两国关系极度恶化。诸葛亮主政后,想修好蜀、吴关系,以便专心攻伐曹魏,便指派邓芝前往吴国。孙权为人猜忌多疑,杀人武断,不肯见邓芝。邓芝给孙权写信称:我此番前来,也是为吴国利益着想,并非只是为了蜀国利益。孙权才同意接见邓芝,并表示愿意与蜀国和好,但担心蜀国君主幼弱,国势穷困,一旦被魏

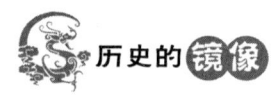

国乘虚而入，难以自我保全，所以才犹豫不决。邓芝对孙权说："吴、蜀两国雄踞四个州的疆界，您是治世英豪，诸葛亮也是当世俊杰，蜀国重山险固，吴有三江天堑，如果把两地优势合为一体，唇齿相依，必将势不可当，进能吞并天下，退可称霸一方，与曹魏分庭抗礼，这是很自然的结局。可是，如果吴国甘愿屈尊依附曹魏，魏必贪得无厌，上则要求您入朝称臣，下则索取太子充当人质，您如不愿意听从摆布，魏便借口发兵攻打吴国，到那时蜀国也将顺流东下，借机行事。如果这样，江南的大片土地将不再为您所有。"孙权听完，沉思很长时间，终于说道："您讲得很对啊！"于是，孙权和魏国绝交，同蜀国恢复了友好关系，和好四十年之久。

邓芝的话说得好，一是换位思考，将心比心。"不只是为了蜀国，也是为了吴国"，邓芝的这句话，让孙权从不愿意见他，到愿意见且认真倾听。二是切中要害，一语道破。邓对蜀、吴的人才、地理强势，魏国的劣势所在，蜀、吴联盟的好处，吴、魏和好的弊端，分析得十分精辟。三是实话实说，诚心诚意。当邓芝又一次出使吴国，孙权说："一旦灭魏以后，天下太平了，吴、蜀中分天下，各自治理，不是很快乐吗？"邓芝毫不掩饰地反驳说："天上不会出现两个太阳，地上也不应有两个君主，消灭曹魏之后，吴、蜀双方的战争才刚刚开始，以决出谁是真命天子，哪里谈得上治理啊！"孙权听后称赞邓芝："真没想到，你竟然如此坦荡！"越发敬重邓芝，越发重视与蜀国的友好关系。如果将吴、蜀关系，比作一个案件，特殊的案件，只经邓芝一次调解，没有判决，没有二审，没有再审，也没有当事人申诉，就案结事了。我们的法官，也应该像邓芝那样，对所办案件要吃得透、拿得准、看得深，在此基础上，对当事人苦口婆心，既讲法理又讲情理，分析利害得失、利弊关系，分清是非曲直、责任大小，让他们心悦诚服地接受法院的裁判意见，最大限度地化解矛盾纠纷。当然，要做到这一点，光练嘴皮子是不够的，要在日常工作、办案和生活中，做个有心人，善于观察社会观察事物，广泛了解各类群众，挤时间多读书读史，增加阅历和经历，以使设计解决矛盾和纠纷的方案，在能办得到、行得通的基础上，还能说服当事人愉快接受。这样的法官，才是合格的法官，才是当今社会所需要的法官。

鲁恭与鲁恭祠

近来翻翻被古人称为"片言只字,妙绝古今"的《水经注》,真是爱不释手。其中,作者北魏的郦道元,在"卷22"记载淮河支流的渠水时,有段文字,如诗如画,美极了,不妨直译节录下来:

乱流东经中牟宰鲁恭祠南。东汉和帝时,鲁恭任中牟令,他勤于政事,专以德化进行教育,不用和少用刑罚,官吏与百姓都非常敬仰他,甚至连蝗虫都不飞入县境。河南尹袁安怀疑所闻不实,派所属官吏叫肥亲的去察访,鲁恭与肥亲两人走过田间小路,坐在一棵桑树下,正好有一只野鸡落在树旁,这时有一个小孩也在。肥亲便问小孩:你为什么不去捉这只野鸡呢?小孩说:它将要生养小鸡呢!肥亲站起来说:蝗虫不入县境,是一异;教化及到鸟兽,是二异;儿童怀有仁心,是三异。我久留只会打扰贤者,我将快速返回,把情况报告袁安。这一年,县衙院里又长出一茎三四穗的禾苗,视为吉祥。袁安赞赏鲁恭的政绩,上奏朝廷,鲁恭被征聘为博士侍中。皇上每次车驾出巡,鲁恭常常陪

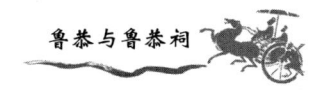

同,皇上问及民间事项,他都直言回答,所以至今得到民众的敬爱,自古以来立祠祭祀,没有间断过。

这段文字记述了三个好官和一个祠堂,好官一个自然是中牟令鲁恭,治县有方;一个是"特使"肥亲,不吃请不收红包不去县衙,径直到田间地头考察,与一个孩子谈谈话,就总结出鲁恭的三条政绩,真可谓才思敏捷;还有一个就是河南尹袁安,能发现、考察和不埋没人才,助推了鲁恭的"成长进步"。祠堂就是鲁恭庙。再进一步看看《后汉书·袁安传》《后汉书·鲁恭传》,以及从中牟县网站点击搜索,印证了郦道元说得没错。

袁安派肥亲考察的由头是,鲁恭被授予中牟县令后,一直把道德教化作为主政,不施用刑罚。许伯等人为田产打官司,多位太守和县令都不能决断,鲁恭为他们分析是非曲直,许伯等人都回家自我检讨,停止耕种相互谦让。亭长放纵他人借牛却不肯归还,牛主人告到鲁恭那里。鲁恭召来亭长,再三责令他归还他人之牛,还是不肯听从。鲁恭叹息说:"这是教化不能施行啊!"遂解开印绶欲辞官离去,属吏们哭着挽留他。亭长见状惭愧无比,归还了人家的牛,到刑狱处接受处罚,鲁恭宽恕了他不再追究。汉章帝建初七年,郡县蝗虫肆虐危害庄稼,犬牙相错环绕县界,就是不进入中牟县。对此,袁安不大相信,派肥亲考察的结果就如前所述。袁安更是当朝重臣,汉明帝永平十三年,"征为河南尹","政号严明","在职十年,京师肃然,名重朝廷",后

升为司徒,其子孙"累世隆盛",多官至三公,其中袁绍就是其玄孙。

鲁恭祠,就位于中牟县城西北七八公里处的刘集乡鲁庙村,庙傍成村,村以庙名。而鲁恭庙所在的中牟县,则位于河南省中部,隶属郑州市,东接古都开封,西邻省会郑州。县城历史悠久。早在春秋之时,为郑国疆界,"三卿分晋"划给了魏国。张良为报灭韩大仇,伙同大力士,于博浪沙以铁锤击秦始皇未中,亦在此地。《三国演义》中的陈宫,就是身为中牟县令,上演一幕"捉放曹"的大戏。曹操、袁绍"官渡之战"的遗址中牟台,也在县东北。鲁恭庙在这如此众多的古迹中,一直独放异彩。北宋年间,鲁恭庙称"鲁太师祠"。明、清朝均有重修。清末民初,鲁恭庙遭受战火毁坏,今仅存晚清年间重新修建的祠堂,门上壁嵌"鲁太师祠"横额。长久以来,祠堂香火缭绕,人们祭祀不断。如今,新开通的郑州至开封的城际快速路,第四站就是"鲁恭庙"站。鲁庙村的父老乡亲,借助便利的交通区位优势,国家惠民政策,发展种植养殖业,正大步走向快速致富之路。"中牟令"的后继者们,将无愧于先贤鲁恭。

写到这里突发奇想,鲁恭为民众做了好事,虽时隔近两千年,人民没有忘记他,还在祭奠他。现今的"中牟令"们,更不要忘记他,能不能搞点必要的形式,别搞成"形式主义"就成,比如每逢新县长到任就职,先去鲁恭庙走走看看,熟悉熟悉他的

事迹,思量思量自己为官一任,如何带领全县民众谋利谋福。这样做,叫作资源内化,再结合其他的廉政勤政教育,使干部们真正懂得,当官就要为民众多做事,谁为人民做了好事,人民都不会忘记他。不要发现一点什么古迹,甚至东拉西扯不惜造假,一律大兴土木,来搞旅游开发。当然赚了钱也可以为民谋福,不能一概否定。问题是过度过热的资源破坏性的开发,该适度降降温了。搞点类似如前所述的"资源内化开发",也不亚于资源创收性开发,因为有助于官员心灵的净化和提升,在当前比什么都重要。但万万不能"作秀",不能兴师动众打扰百姓,那样会在人们心中落下骂名的。

细节制胜除恶务尽

司马芝,历经曹魏三朝,长期担任地方官和司法官,先是任菅县长(今山东省济阳县东北);后任大理正,所谓大理正,魏国设立,后改为廷尉,掌管办案断狱;又升为河南尹,河南尹为京都洛阳附近的21个县行政区的名字,也是官名,相当于一个郡,因地处京畿,不称为郡,以提高其地位;最后虽任过大司农,也向魏明帝提出过很好的建议,如抑制工商业、推崇农耕业等,但主要的政绩在前三任上。司马芝是《三国志》中少数几个没有野战功劳而单独成传的。司马芝的特点是,在哪任职都打"黑"除恶,黑暴势力无论多么嚣张,最后都会败在司马芝手下。当然,说成除暴安良更为贴切,不是也赶个时髦吗,暴就是"黑","黑"就是暴,差不多。后世学者评论,司马芝"于细故,多所宽宥,于豪强则法在必行。不吐刚茹柔,史评允矣"。"吐刚茹柔",指的是吐出硬的,吃下软的,比喻欺软怕硬。不欺软怕硬,司马芝能做到这点,谈何容易!曹操厉害不,当年任济南相,就是实际上的太守,大刀阔斧,敢作敢为,"除残去秽",罢除了大部分贪官,打掉了众多淫祠,结果遭到当地豪强势力的愤恨,当朝的权贵也不满意,曹操遂以"违迕诸常侍(宦官)"、"恐致家祸"为由,不得不推病去职。当然,不能简单类比,曹操的年代,中央政府一片混乱,没有权威,没有人为曹操做主撑腰。司马芝的年代,正赶上曹操挟天子以令诸侯,一统北方,曹丕又代汉建魏,中央政府比较坚强,司马芝能得到强有力的支持。尽管这样,司马芝打"黑"除恶,还是有他自己的特色的。我试着整理司马芝打"黑"除恶的路数,觉得还有点意思,不仅仅是"不吐刚茹柔",还在于细节过硬,这就是打"黑"除恶、细节制胜。

一是及时上报,取得支持。对黑暴势力,司马芝自己敢打,更注意向上级及时汇报,当菅县令时向济南郡报告,当大理正时向皇帝报告,以求得理解和支持,不搞特立独行,不搞单打独斗。司马芝为菅县令时,天下乱糟糟,秩序刚开始建立,自然有很多人不遵守法度。济南郡主簿刘节(主簿是郡长官的重要属官),出身于世家大族,因而强横放纵,拥有宾客一千多家,这伙人出门在外就做盗贼,进入城内就胡作非为扰乱治安。司马芝想打掉这伙人,就差遣刘节的宾客王同等人去服兵役。掾史(县令属官)据实禀告:"刘节家从来不曾服过徭役,如果到时候他把王同等人藏匿起来,县里会完不成征兵任务。"司马芝不听,给刘节写信说:"您是世家大族,又是辅佐郡守的官员,可是您

的宾客常常不服徭役,老百姓已经感到怨恨,或许流传的名声已让上司知道。现在征调王同等人服兵役,希望按时发送。"征调的兵都已经到郡城集中,可是刘节将王同等人藏匿起来,并趁机让督邮(各郡以东、西、南设三个督邮,如东部督邮,掌管督查纠正各乡违法事项)按战时的法令责问菅县的官吏,县掾史感到没有办法,只好请求自己代替王同去当兵。司马芝于是派快马把文书送到济南郡,详细陈述刘节的罪状。郡太守郝光一向敬重信任司马芝,当即下令让刘节代替王同去服兵役。这件事在当地震动相当大,人们称赞司马芝"以郡主簿为兵"。因为刘节是郡属官员,司马芝是县令,无法节制他。司马芝就向郡太守报告,求得支持,最后既惩治了刘节,又保护了自己和部属,更赢得了民众之心。司马芝任广平令时,征虏将军刘勋,地位显贵而受宠信,行为放荡,又是司马芝以前的郡守,他的宾客子弟在广平辖界内多次犯法。刘勋给司马芝写信,不写姓名,而多有说情嘱托的意思,司马芝根本不理这个茬,对刘勋的宾客一律都依照法律处理。后来刘勋因行为不轨被诛杀,和他有关联的人都获罪,而司马芝因此很是受人称赞。司马芝任河南尹时,元老曹洪的奶妈当,和临汾公主的侍者一起祭祀无涧山神,而被逮捕入狱。卞太后派遣宦官到司马芝官府传达旨令,司马芝不让宦官进来通报,当即命令洛阳狱吏将当二人拷打处死,然后向明帝上疏说:"所有应当处死的罪犯,都应事先表奏等待批复。以前皇上下达制书

禁止杜绝不合礼制的祭祀来纠正风俗,现在当等人犯下奸邪的罪行,供词刚刚审定,宦官吴达前来见臣,传达太皇太后的旨令。臣不敢让他通报,害怕有营救庇护罪犯的意思,迅速禀报皇上,皇上如果不得已,会下令保护罪犯的性命。由于事情没有早日处理完毕,这是臣的罪过,因此我违犯常规制度,立即命令狱吏拷打处死,臣擅自施行刑罚,等待皇上给予处罚。"明帝亲笔回复说:"看了奏表,明白了卿的至诚之心,你用权宜的办法,灵活处理此事,做得对。这是卿奉诏而行,有什么可谢罪的?以后宦官再来,要谨慎,不要与他们通往。"曹洪、卞太皇太后,何许人也,那还了得,得罪了这些人,还想有好日子过?司马芝有办法,严格执法后,以真诚说服和感动魏明帝,得到了充分肯定,官位丝毫没被撼动。

二是严大宽小,突出重点。司马芝手下的循行(河南尹的属官,主管文书),怀疑看门人偷窃他的簪子,看门人的供词和案情不符,曹吏就把他抓起来立案审讯。司马芝教导说:"大凡事物总有相似而难以分辨的情况,如果不是像离娄那样眼光锐利的人,很少能有不为之迷惑的。即使看门人的偷窃是事实,循行怎么忍心爱惜一根小小的发簪,而轻易伤害自己的同伴呢?还是停止审讯,这件事就不要再追究了。"司马芝这段话里引用了一个出自《孟子》的典故。《孟子·离娄章句上》载,孟子曰:"离娄之明、公输子之巧,不以规矩,不能成方圆。……故曰,徒善不

足以为政，徒法不能以自行。"孟子在这一名言中，涉及了两个人物、两个工具：离娄，相传是黄帝时代一个视力特别好的人，能于百步之外看到秋毫之末；公输子，即公输般，也叫鲁班，春秋时鲁国的巧匠。"规"和"矩"都是古代的画图工具，"规"类似于今天的圆规，"矩"类似于今天的直尺。孟子这段话的意思是，就是有古时明目者离娄的眼力，巧匠公输般的技巧，如果不用圆规和曲尺，也不能正确地画出方形和圆形。……所以说，光有好心不足以治理政事，光有好办法自己也实行不起来。现在，我们常挂在嘴边的"没有规矩，不成方圆""徒法不足以自行"，就源于孟子的上述名句。司马芝用离娄做比较，说的是常人没有离娄那样的眼力，怎么能什么事情都看得清楚呢？发生小偷小窃类案件，既不容易查清，又没有太大的危害，就不要太过较真，揪住不放了。

三是尊崇仁义，注重证据。不屈打成招。司马芝任大理正时，有人盗窃官府的绢帛放在厕所上，官吏怀疑是女工偷的，逮捕了她送交监狱。司马芝说："惩罚犯罪的失误，在于过分苛刻残暴。现在先拿到赃物然后审问她的供词，如果经不住拷打，可能会导致无辜而被迫伏罪。无辜而被迫伏罪的情况，不可以判决结案。况且判案属实而使人容易服从，这是贤明君主的教化。不放掉有罪的人，这是平庸的朝代也能施行的治理办法。现在宽恕所怀疑的人，用来尊崇使人容易服从的义理，不也可以吗？"曹

操听从了他的建议。司马芝后来又任过好几个郡的太守,都尊崇这样的理念,在任职的地方都很有政绩。以至陈寿说他:从魏朝到现在,担任河南尹的人没有比得上司马芝的。

四是自己不徇私枉法,又严格要求下属。司马芝教导下属的语言非常感人。黄初年间,司马芝进京担任河南尹,抑制豪强扶助弱小,因私情求他办的事都不给办理。恰好宫内的官员想有事托付司马芝,不敢开这个口,通过司马芝妻子的伯父董昭传话。董昭也害怕司马芝,不敢传话。司马芝因此教育下属说:"君主能够设立教令,却不能做到使官员一定不去触犯;官员能触犯教令,却不能使君主一定不知道。设立了教令而被触犯,这是君主过于软弱;触犯了教令而被知道,这是官员的灾祸。在上的君主软弱,在下的官员遭受灾祸,这就是政事所以不能治理得好的原因。难道各位不应该自勉吗?"由于司马芝言之切切,他的下属官员没有不自我勉励的。每当上级官员要召见司马芝的下属问话,司马芝都先召见他们,帮助他们判断上级官员召见的缘故,教给他们答复应对的办法,结果都像司马芝所预计的那样,下属官员都没有在上司面前丢分。司马芝性格诚实正直,不自夸自吹,和宾客谈话,有不合意的地方,就当面指出他的过错,退下后不再说别的话。因此,司马芝深得部属的爱戴和拥护。

打黑除恶,是地方官员保一方平安的永恒主题,任何年代都是这样的,不会有丝毫的变化。所谓打黑,或者是古时讲的除暴

安良，都是一个意思，就是不许坏人嚣张得成了气候，要露头就打，要除恶务尽，要让和谐稳定成为主旋律，要让百姓生活得平平安安，舒心加欢畅。司马芝打黑除恶，注重细节制胜，其经验给我们的启示很多。相信，今日的打黑者，定能更加注重细节，因为世上的事成败常在于细节之中，要严把事实关、证据关、程序关、法律适用关，确保把每一起案件都办成铁案，捍卫社会的公平正义。

曹魏的司法大审判

发生在魏国的钟繇审判毛玠的事件，陈寿不惜笔墨，在钟繇、和洽和毛玠三个人的传记中，都做了较为详实的记述，可以说是诸多史籍中记述审判的事例中最为完整全面的。因此，钟繇审判毛玠，历来为史学界、法学界和司法实务所看重。把三个传记中有关这一审判事件的情节串联起来，尽量还原事情的本来面貌，读起来还是蛮有意思的。

先说说钟繇审判毛玠事件的背景。早在汉朝的初期，汉高祖刘邦就曾作出三条训令：异姓不得为王；无功不封侯；非刘氏而王者，天下共击之。汉惠帝刘盈死后，吕后曾大肆封诸吕为王，后被陈平、周勃等人一举歼灭。以后整个西汉时代，再没有人越过此"雷池"一步。即使是一门心思篡位的王莽，也只是超越"侯"的等级，在侯和王之外，为自己量身打造，创造出个"公"的爵位，即所谓的"安汉公"，在没有建立大新王朝前，始终没有勇气直接称王。东汉也延续了西汉的这个规矩，当然到了东汉末期，朝纲混乱规矩全无，但就是这样也没有异姓人称过王。曹

操则是大大超越了王莽，毫不忌讳汉朝的祖训和禁令，堂而皇之让自己登上了王位，即"魏王"。尽管曹操与王莽不同，天下本来就是曹操自己拼搏打下来的，还是让天下的有识之士，无不以王莽之心之行，来揣度曹操的用心和用意。当然，东汉王朝发展到汉献帝时，已是日薄西山，远非昔日可比，改朝换代是早晚要发生的。朝廷上多数人站到了曹操一边，为其称王歌功颂德、肉麻吹捧，"识时务者为俊杰"嘛。但偏偏有些执拗之人，对曹操称王的举动深恶痛绝，虽然不敢公开表示反对，却不免言行上有所流露。如身居高位的崔琰，仅仅在背后与熟人杨训的通信中，说了几句诸如"君子当慎行，不要顺风赶浪头，以博取一时的风光。风气是会转变的，今日的时尚，说不定后人会将其视作垃圾，唾弃唯恐不及"之类的话，曹操就据此认定崔琰对自己封王心怀不满，幻想变天，迅即将其定罪诛杀。杀一儆百，一统舆论，恐怕是曹操所追求的效果。而毛玠又偏偏对崔琰之死心怀不满，这在曹操看来，毛玠不论出于什么原因，实质上还是与崔琰一样，对自己封王持有异议。毛玠不除，朝廷上就有杂音，曹操对此决不能坐视不管。而就在这时，又有献媚之人秘密告发毛玠诽谤朝廷："毛玠外出看到因造反而被处以墨刑的人，他们的妻子儿女被没收为官家奴婢，就说'老天长期不下雨，原因大概就在这里'。"曹操大怒，便将毛玠逮捕下狱交付大理钟繇审判。这便是毛玠被钟繇审判的根本原因之所在。《和洽传》的记载也印证

了这一点。"有人告发毛玠诽谤曹操,曹操见到近臣时,极度愤怒。和洽陈说,毛玠素来信守节操,行为端正,请求调查确实。退朝后,曹操下令说:'如今检举的官员告发毛玠不但诽谤我,而且又为崔琰的事打抱不平。这些都有损于君臣之间的恩义,狂妄地为被处死的朋友怨愤叹息,实在为国法所不容。先前萧何、曹参和汉高祖一起从微贱中起事,建立了很大功勋。高祖每次陷入困境,二人都非常恭顺,更充分地表现出为臣之道,因此享受的福分能延至后代。和侍中请求调查确实,我所以没有同意,是想慎重对待这件事。'和洽应对说:'如果确实如告发者所说,毛玠的确罪过深重,天地难容。臣下并不是胆敢歪曲天理、偏袒毛玠,以此来破坏天理人伦。只是认为毛玠出身于一般官员,受到特别的提拔,处于显要地位,多年来一直受到宠信,刚直忠诚公正,为很多官员所忌惮,应该不会做出这种事来。然而人心难保不变,应该明确妥当地考察复核,让两边对质以验证查实。如今您恩德地、忍辱含垢地施加仁义,不会忍心因为涉及君臣伦理,而使是非曲直分辨不清,对近臣产生疑心。'曹操说:'我所以不审查这件事的原因,是想让毛玠和检举人都得到保全。'和洽说:'毛玠如果真的说了诽谤您的话,就应当在街市上斩首示众;如果毛玠没有做那种事,就是检举人诬陷大臣迷惑主上。两方面都不加审核,臣私下里深感不安。'曹操说:'正有军事行动,怎么可接受他人告发后又加以复查?狐射姑在朝廷上将阳处

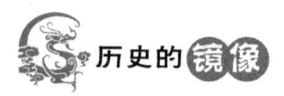

父刺死,这是做君主的应该警戒的事。'"《左传·文公六年》载:晋襄公任命孤射姑统率中军,赵盾辅佐他。阳处父却以晋襄公之名,让赵盾位居孤射姑之上。当年八月,晋襄公去世。孤射姑怨恨阳处父撤换了他中军统帅的位置,便派续鞫居杀了阳处父。《春秋》上记载说"晋杀其大夫",这是因为阳处父撤换了国君任命的官员的缘故。曹操借此事是想说明,官员之间结怨,弄得不好极易生出命案来,还是糊涂一点儿为好。和洽与曹操经三轮申辩,要求从两方面,查实毛玠诽谤曹操的事实,曹操却一直说不要审查,而暗地里却命钟繇对毛玠加以审判。这里,曹操对和洽耍了两面派,口上说对两方面都不审查,可实际上只对毛玠一方面进行审查治罪。撒这点谎,对于曹操早已不算啥了,因为动辄定罪、草菅人命的事多得是。清代学者李慈铭对魏、蜀、吴三国兴狱之灾,曾做过精彩比较。他在《越缦堂读书记》中写道:"三国时,魏既屡兴大狱;吴孙皓之残刑以逞,所诛名臣,如贺邵王蕃楼玄等尤多。""惟大帝号称贤主,而太子和被废之际,群臣以直谏受诛者,如吾粲朱据张休屈晃张纯等十数人,被流者顾谭顾承姚信等又数人,而陈正陈象至加族诛,呼,何其酷哉!""独刘氏立国四十三年,仅一黄皓以弄权闻,然亦无所陷害。昭烈惟诛刘封、彭羕,后主时惟诛刘琰杨仪,四人皆以罪死。其夷族者惟魏延,则以杨仪等文致其反状也。然则先主孔明之治蜀,有万非魏吴所及者,作法于厚而国祚不延,天厌汉德久矣,论古者于

此有深喟耳!"

再说说审判双方的人物——钟繇和毛玠。他们两人都是曹魏阵营的重量级人物。钟繇,出身豪门世家,精通刑名法律,而且对书法有极深的造诣,尤其擅长楷书,被后人奉为"楷书之祖"。因其年少时名气就很大,钟繇很早就在朝廷为官,归附曹操后甚受重用,如奉命镇抚关中地区,以解除曹操的西顾之忧,又保障曹军的粮草供给。魏国初建时,钟繇为大理,后改为廷尉,即最高司法官,后迁升至太尉。钟繇任大理时,看到战争使人口骤减,便先后三次向曹操、曹丕、曹叡,提议降死刑为肉刑,目的是既惩罚罪犯,又可推动人口的增长。但都因战事频仍忙于统一大业,而没有经过认真斟酌,或有人加以反对,就被搁置一边了,始终没有被朝廷采纳和实施。尽管如此,处于乱世的钟繇,能有如此的人道情怀、以人为本的意识,还是区别于那些一味奉行严刑峻法,动辄草菅人命的执法官的。总之,钟繇作为最高司法官,还是相当称职的。

毛玠则是曹操的重臣,先后任治中从事、幕府功曹、丞相府东曹掾、右军师,魏国刚刚建立时迁升为尚书仆射,仍然主持选拔任用官吏。因智力超群,富有远见,又廉洁奉公,生活俭朴,多次受到曹操的夸奖和赏赐。论其功绩,毛玠是第一个提出"挟天子以令诸侯"主张的,荀彧等人后来只是推动了这一主张的实现;提出"植农桑以备军需",为曹操消灭各路诸侯提供了强有

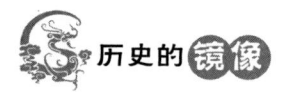

力的物资保障；与崔琰一道尽职尽责，为曹操选拔了众多德才兼备的官吏；直言曹操立长子为继承人的重要性。对于毛玠密谏吸取袁绍废长立幼、覆宗灭国的教训，早立长子为太子这件事，曹操极为满意。一次在会见群僚，毛玠起身如厕时，曹操竟用眼睛看着他的背影说："他正是古人所说的国中正直之士，是我的敢于直谏的周昌啊。"在这里，曹操把毛玠比作周昌加以称赞。《汉书·周昌传》载："昌为人强力，敢直言。官至御史大夫。高帝欲废太子，大臣固争莫能得。而昌庭争之强，上问其说，昌为人吃，又盛怒，曰：'臣口不能言，然臣期期知其不可。陛下欲废太子，臣期期不奉诏。'上欣然而笑，即罢。吕后侧耳于东厢听，见昌，为跪谢曰：'微君，太子几废。'"说的是，高祖想废掉太子，立戚姬之子如意为太子时，许多大臣都坚决反对，但是都未奏效。后来，幸好张良为吕后定下计策，使高祖暂时把此事放下。而周昌在朝廷中和皇帝极力争辩，高祖问他理由何在，因为周昌本来就有口吃的毛病，再加上是在非常气愤的时候，口吃也就越发厉害了，他说："我的口才虽然不太好，但是我期……期……知道这样做是不行的。陛下您虽然想废掉太子，但是我期……期……坚决不能接受您的诏令。"高祖听罢，很高兴地笑了。事过之后，吕后因为在东厢侧耳听到上述对话，她见到周昌时，跪谢说："若不是您据理力争的话，太子几乎就被废掉了。"周昌是汉初名臣，对于刘邦最终确立太子接班，所起作用甚大。

曹操将毛玠比作周昌,足见毛玠在其心中的分量有多重。然而,毛玠同情崔琰,也就意味着对曹操称王持有异议,这是曹操所绝对不能允许的,毛玠以往的那些功劳和长处,都显得不那么重要了,相反惩治毛玠那是必须的。

最后说说审判的全过程。钟繇上来就对毛玠讲一通大道理,进行"有力"的批驳,然后才问毛玠具体的"犯罪事实"。从这架势看,钟繇认为毛玠的犯罪早已板上钉钉,只需"从实招来"就成。据《毛玠传》载:大理钟繇审问毛玠说:"自古圣明的帝王制定法律,都有犯罪株连妻子儿女的规定。《尚书》上说:'兵车左边的兵士,如果不用箭射杀敌人,右边的兵士,如果不用矛刺杀敌人,我将不但杀戮你们,还要罚你们的子女做奴隶。'古代司寇的职责,就是将罪犯的家属没入官府服劳役,男的编入奴隶之列,女的去舂米做饭。汉朝的法律规定,罪人的妻子、儿女没收为奴婢,还要在脸上刺字。汉代法律所实行的黥面墨刑,在古代的法典之中就存在。如今的奴婢如果祖先有罪,即使过了百代,还是要将他们子孙脸上刺字涂墨,以供官府役使。这样做,一方面是为了宽恕善良百姓的生命;另一方面,也使受牵连而服刑的人得以宽大。这怎么会违背神灵的意志,而招致旱灾呢?按《尚书》所说,法令严急,天气就会经常寒冷;法令宽缓,天气就会经常炎热。法令宽缓则阳气过盛,所以会造成天旱。你说的话,是认为当今刑法太宽了呢,还是太急了呢?如果苛急,那就

应当阴雨连绵，为什么反而会天旱呢？成汤那样圣明的天子，也会遇到大旱，大地寸草不生；周宣王也算一代明君，同样遭受旱魔肆虐。如今大旱持续了三十年之久了，你却把它归咎于黥面之刑，二者之间是相对应的吗？春秋时卫人讨伐邢国，刚征集军队就下雨，当时邢国没有明显罪恶，为什么会感应上天？你讥讽诽谤的话语，已流传到民间，心怀不满的声音，上面也能够听到。你讲这些话的时候，肯定不是自言自语，当时你看到刺面的罪人之时，总共有几个人？这些被刺面的奴婢，你认识他们吗？你怎么见到这些人，对他们发出感慨？当时这些话是对谁说的？对方是怎样回答的？是在哪月哪天？在什么地方？事情已经暴露，不得欺骗隐瞒，要把当时的一切都从实招来。"

而毛玠则据理抗争，引经据典说明自己是受人陷害所致，根本没有什么诽谤言论，反复要求与检举人或者证人进行对质。《毛玠传》载：毛玠回答钟繇说："我听说汉朝的萧望之自缢身亡，是因为石显排斥陷害的结果；贾谊被汉文帝放逐到朝廷之外，是因为周勃和灌婴进了谗言中伤；战国时的白起在杜邮被秦昭王赐剑自杀，西汉时晁错在东市被斩首示众，春秋时伍员在吴都丧命。这几个人的死，或是因为有人忌妒他们从前的功劳，或是有人害怕他们以后会妨碍自己的前程，而加以暗害。我年轻时就负责文册简牍工作，凭借长期的勤奋而取得官职，职务又在中枢机要部门，掌握人事安排的大权。别人委托我办理私事，无论

权势大小一概不理;别人把冤屈告诉我,哪怕事情再小也要为他申诉。人情往往贪图私利,却又为法律所禁止;法律禁止贪利的行为,有权势的人却能破坏它。进谗言的小人像绿头苍蝇那样层出不穷,都诋毁我诽谤朝廷,诽谤我的人,除此之外没有别的原因。过去王叔陈生和伯舆在朝廷上争辩,范宣子判断是非时,要他们拿出证据,是非曲直判断得一清二楚,《春秋》对这件事进行赞美,因而给予了记载。我没有说过黥刑导致天不下雨的话,也说不出时间和当事人。如果说我有诽谤朝廷的话,必定得拿出证据。我请求您能像范宣子一样去审查这件事,让我像王叔陈生那样有个当面对质申述的机会。我如果歪曲事实,以谎言对答,那么我甘愿受刑,受刑之时,就像坐着赠给我的安车驷马一般舒适;赐剑给我自杀,好比得到重赏的恩惠一样高兴。谨以此作为回答。"

客观地看,毛玠所说有人对其公正建议用人不满,对其进行诬告陷害,倒是证据多多。《毛玠传》载,曹操担任司空丞相,毛玠曾任东曹掾,与崔琰共同负责选拔官吏。他所举荐任用的人,都是清廉正直的士人,有些人在当时虽有名望,但行为不正派,结果也不能被他选用。魏文帝曹丕任五官中郎将时,曾亲自拜访毛玠,委托他给自己所亲近的人升官。毛玠回答说:"老臣凭借能力坚守职分,有幸能够免除罪责;但现在您所说的人不符合升迁次序,因此不敢接受您的命令。"朝廷酝酿合并和撤销一

些机构,由于毛玠不徇私情,许多人找他说情行不通,连太子也不例外,当时的人都很忌惮他,希望撤销东曹。于是这些人就共同上书说"从前西曹为上,东曹为次,应当撤销东曹"。曹操了解内情,便下令说:"太阳从东方升起,月亮在东方明亮,凡是人们说到方位,也先提到东方,为什么要撤销东曹呢?"于是撤销了西曹。

上述一审一答之后,史书便没了下文。当时桓阶、和洽等人都进言营救毛玠。毛玠于是被免职废黜,后来死在家里。纵观这一审判事件,充分体现了封建司法的几乎所有的特色,比如意识形态主导审判,长官意志决定一切。曹操容不得对他封王说三道四的人,毛玠当然不能得以逃脱。比如先入为主,有罪推定。审判之前就已确定毛玠是有罪的,所谓审判只是在台面上做给别人看的。比如无程序而言,不需要证据、不需要对质。毛玠本人强烈要求与证人、检举人对质,和洽也建议进行双方对质,但曹操、钟繇就是不予采纳。比如审判者素质高低,与审判结果之间没有必然联系。按理说以钟繇的刑法水平和能力素质,审理这样一个案子,搞清楚毛玠有没有诽谤曹操的事实,然后公正下判,应该很轻松就能搞定,但钟繇偏偏没有这样做,审问之后报给曹操就直接定罪了。因为说到底封建司法,受政治所主宰,被意识形态所支配,以"莫须有"定罪处罚是家常便饭。当时在魏国,在曹氏营垒,曹操称王,进一步凝聚军心民心,以便统一中原,

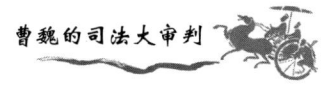

尽早结束动乱局面，于国于民都有利，是最大的政治，也是压倒一切的主流意识形态。这些才是判案的根据。钟繇当然也不可能跳出这个怪圈的束缚。

断案析产有深意

"一日一钱,千日一千;绳锯木断,水滴石穿。"对这几句话,大家都比较熟悉,它是宋初的大臣张咏,所办案件的判词。张咏任知县时,发现一个管钱小吏,偷了一枚钱藏在头巾里带出库房,于是命令衙役杖打那名小吏,小吏不服,嚷到"我不过偷了一文钱,你竟打我,还能杀了我不成"。张咏当即写下上述判词,写完拔剑杀了那名小吏,然后向上峰写报告请求自劾。

张咏从政先任湖北崇阳县知县,后来长期治蜀,政绩突出,升至御史中丞,礼部尚书,死后赠左仆射,谥号忠定。宋仁宗时期,有人甚至将他与赵普、寇准并列,称为宋兴以来功劳最大的三位名臣。

宋代刘斧《青琐高议》"断案如神"载:张咏做杭州知州时,有个青年和姐夫打官司争家产。姐夫呈上岳父的遗嘱,说:"岳父逝世时,我小舅子还只三岁,岳父命我管理财产,遗嘱上写明,等小舅子成人后分家产,我得七成,小舅子得三成。遗嘱上写得明明白白,又写明小舅子将来如果不服,可呈官公断。"说

着呈上岳父的遗嘱。张咏看后大为惊叹,叫人取酒浇在地下祭他岳父,连赞:"聪明,聪明!"向那位姐夫说:"你岳父真是明智。他死时儿子只有三岁,托你照料,如果遗嘱不写明家财分产办法,或者写明将来你得三成,他得七成,这小孩子只怕早被你害死了,哪里还能长大成人!"当下判断家产七成归子,三成归婿。当时官吏和民众都服张咏明断。

应该说,张咏的上述判决判得好,判得颇有深意。一是没有简单照本宣科。按说此纠纷有遗嘱在,照着宣判即可,省时省事又少麻烦,但张咏没有这样简单处理,而是从传统、人情和法律的多维视角,来决断此案的。二是注重维护弱者的合法权益。当然姐夫和小舅子打官司时,已看不出强弱之分,但小舅子三岁时父亲就去世了,多年寄人篱下处于弱势状态,熬到成年才鼓起勇气来与姐夫见官,以讨要自己早该得到的那份家产,理应受到应有的关照。三是完全符合当时的法律规定。宋代法律比较健全,颁布了《宋刑统》这一综合性法典,其中"杂律"对动产与不动产等所有权作了明确规定,并要求书面契约、遗嘱等要取得官方承认,否则发生纠纷官方不予保护;又规定法定继承优于遗嘱继承。法定继承的顺序大体是,首先是诸子诸孙,倾向于均分家庭财产;其次是在室女和赘婿,只是份额相当低,赘婿的继承是依附于其妻子的;再次是出嫁女,因其出嫁时已得到一份嫁妆,其继承权已提前实现,不得再参加母家的分割,如没有诸子诸孙,

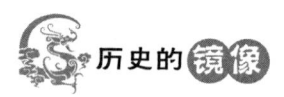

又没有在室女的情况下,出嫁女可继承遗产;而寡妻则属特别顺序,其所继承的财产,只是供守寡之用,最终要移交给嗣子的。张咏如此判决,与法律规定完全相符。

张咏身上还有两个突出特点,他帮助别人之后,坚决拒绝别人的酬谢。据《太上感应篇》"集注"载:宋代景德年中(1006),敌寇多次侵犯边疆,许多郡县多次遭受侵扰,民众苦不堪言,而朝廷派来的军队却迟迟不能挫败敌寇。当时,李居正以小官的身份治理一个镇,他纠集招募壮丁,奋力打击敌寇,并深入到敌人的巢穴,夺回了被掠去的男女老幼,使他们安全地回到自己的家中。人们都感恩李居正。张咏将这件事秘密奏报给皇帝。宋真宗大为喜悦,立即将李居正升迁为阁门祗候(官职名,从八品)。李居正不知缘由,有人告诉了张咏上奏的事。李居正急忙想拜见张咏,没有获准,便给看门的人送了礼物,将榜帖传入。张咏在纸帖上批写道:"你处理财物时廉洁,面临敌阵时勇猛,处理事情时勤勉,面临民众时施惠。加上严谨敬畏,这是报效国家的大丈夫本色。感谢却接近私意。"李居正虽没有得到张咏接见,却将张咏赠言当作座右铭,铭记终身。

张咏一生都"读典坟以自律"。这里的"典坟",指的是各种古代典籍。本传载:"张咏尝谓友人曰:'张咏幸生明时,读典坟以自律,不尔,则为何人邪!'"大意是,我张咏幸好生在太平无事的盛世了,所以才读圣贤书自律己身,如果生在乱世,我

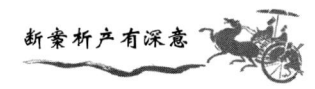

张咏可能就是正邪参半了。张咏从小就刻苦读书，他出生在贫寒之家，幼时家里买不起书，只好到有书的人家恳求借阅，借到手之后再抄下来苦读。没有书桌，他就在院子里背靠着大树的树干读，一篇文章读不完，决不进屋歇息。后来当了官，却既不购置田产也不沉湎酒色，官俸几乎都用来买了书，藏书有近万卷之多。时人称他"不事产业聚典籍"。晚年的张咏，"力学求之，于今不倦"。他在《缉书斋》诗中写道："伊余世上耽书客，古今万事罗胸臆"，即我生在人世间沉迷于读书，古今万事收罗于心并不断产生新的意念。正是他捧卷苦读深思的境况的生动写照。

张咏断案的故事启示我们，办案要切忌简单化、表面化，一定要透过现象看到本质，抓住核心问题，破解要害争议，真正保护依法依理依情应该受到保护的当事人。当然要做到这一点，没有任何捷径可走，必须吃透案情吃透证据，还要深入学习和吃透法律条文，理解其精神实质，并做到运用自如。借用张咏"读典坟以自律"的名言，当一天法官，就要钻研一天法律，且永远没有止境！

引典入判说理透

张鷟,是唐代小说家,按现代语境来说,又是考试大咖。《旧唐书·张荐传》载:"(张)鷟凡应八举,皆登甲科",科举殿试登进士第,"凡四参选,判策为铨府之最",即所拟判词、文章都被评为第一名,被时人称为"青钱学士"(后演化为成语,指有学问的人),入仕为长安县尉,后为鸿胪丞,武后临朝又被升为御史。著有《游仙窟》传奇、《朝野佥载》和唐代判词集《龙筋凤髓判》。

唐代多以"身、言、书、判"铨试选人,即身材相貌、言辞谈吐、书写文字、撰写判词,其中判词文理优长,才能判定为优等,是入仕的必备条件。因此唐人所集的判词,一般都认为是应试虚判,而不是实际判例,当然其中也不乏有的源自真实案例。张鷟的《龙筋凤髓判》可能就属于这种情况。全书共载有七十多个判词,语言精练,引律准确,简明清晰,被誉为古代判词中的珍品。

该书卷三"左右监门卫"载:"将军鲁庆诸州租调多被欺

贿赂入己,始给门牒。船车壅滞,进退无由。"

面对如此案件,张鷟拟就如下判词,大体有六层意思:一是开宗明义,申明职责。"鲁庆位在监门,职惟防御。理须孜孜匪懈,恭慎小心;耿耿恪勤,方崇大略。"即鲁庆身为监门,系守门小吏,职责就是看门防范。理应勤勉不懈怠,谦恭谨慎小心翼翼,诚信守节恭敬勤恳,这样才算尽职尽责。

二是引典入判,痛批渎职。"察奸非无隐伏,知左道有孤虚。上思郅恽之心,下戒田仁之失。"即经查鲁庆却邪恶不法又毫无隐蔽,只知道邪门旁道而不正常履职。既不思念郅恽之德,又不警戒田仁之祸。这里引用两个著名典故,告诫鲁庆城门不是随便开关的。一个是东汉人郅恽,任洛阳上东门的候官。一次汉光武帝出猎,回城时已是深夜,郅恽按朝廷规定拒开城门。汉光武帝只好绕到东中门进城。实际上郅恽是借闭门来谏光武帝不去游玩专心政务。次日,光武帝赐郅恽一百匹布,并对其加以重用。另一个是汉武帝时田仁为丞相司直,奉命闭守城门,太子刘据起兵诛杀谗臣江充,在长安城内与左丞相刘屈氂的军队作战失败,逃奔至城门,田仁竟开城门放太子逃亡。事后,田仁被判处腰斩。

三是车水马龙,税收富国。"但任土作贡,玉帛星繁;税熟贡新,粮储岳积。赤马之舸,万里连樯;青牛之车,千辆接轴。"即国家根据土地状况制作田赋,通过税收积累财富如天星繁密,每年庄稼成熟了,收缴新熟的稻米,粮食堆积得像高大山峰一

样。缴纳稻米的舟船,桅杆相连绵延不绝;路上运粮的车辆多得车连着车。

四是纳贿给牒,罪恶深重。"岂得不遵公法,直纵私求,故作踌躇,专为颉颃?鹤绫未入,遂高卧而闲闲;凫锱忽来,即倾身而急急。赃贿溢室,谤讼盈庭。"即在各地缴赋如此繁忙的情况下,岂能不按公法办事而纵容私欲,假装着犹豫不决拿不定主意,变幻莫测上下不定。不奉上值钱的东西,就悠闲地躺着,不给人家入城的牒牌;一旦奉上铜钱,就竭尽全力发牒又送行。因而赃贿所得溢满宅室,屡屡被人告官,状子充满朝廷。

五是不知敬畏,不知廉耻。"外不惧于乘骢,内无惭于相鼠。"乘骢,指的是东汉人桓典,灵帝时任侍御史,当时宦官专权,但他正直而不避,因常乘骢马(青白色的马),京师畏惮。以至京城人都说:"行行且止,避骢马御史。"相鼠,出自《诗经》"相鼠有皮,人而无仪",特指不知廉耻的人。这句话是说,鲁庆既不惧怕桓典的严厉执法,又无一丁点的廉耻之心。

六是查清赃款,以实裁断。"待知赃估,方可论刑。宜更推穷,以实裁断。"即待确定赃款数额后,即可科刑。须推研穷究,以实际数额来裁断。

张鷟的几百字判词,一大特点是用典多,竟有四个,巧妙地以典论理,以典类比,将鲁庆纳贿给牒的罪行,揭露和批驳得非常到位。如用郅恽之典,说明什么情况下可以不开城门,还会受

到奖赏；用田仁之典，是强调随意乱开城门，有时是会掉脑袋的；用桓典之典，要说明的是对于律法和执法者，必须有所敬畏的；而用相鼠之典，是以鼠偷食苟得，不知廉耻，来比拟鲁庆无异于相鼠。如此用典，加之论述税赋对于国家财富积累的重要性，以及对以往缴税场景热闹而生动的描述，更突显了鲁庆渎职弄权、纳贿给牒，造成的严重后果。张鷟的这一判词堪称经典！

可以说，典故是中华文化和思想财富中最具有特色最具有价值的成分，时下在领导干部论述时政中，就掀起了一股"用典热"。当然，如今的判决书不可能再引入什么典故了，但法官欲说服当事人服判息诉，在审判和调解的全过程中，都要做深入细致的思想工作，这中间就应加大以典论事论理论法的分量，以增强说理性、穿透力和说服力，拓宽当事人思路，促其联想与思索，进而服判息讼。欲做到如此，法官唯有学习学习再学习才成啊！

作者介绍

左连璧,男,汉族,1951年12月12日生于辽宁省阜新市,曾任沈阳军区军事法院院长、辽宁省高级人民法院副院长,一级高级法官。曾在人民法院出版社出版《三国原来也是道德高地》(2015年12月),在辽宁人民出版社出版《读史思廉》(2018年9月)。